R3 커뮤니케이션

소비자와의 협동에 의한
새로운 커뮤니케이션의 가능성

나남
nanam

나남신서 · 1678

R3 커뮤니케이션

소비자와의 협동에 의한
새로운 커뮤니케이션의 가능성

2013년 4월 5일 발행
2013년 4월 5일 1쇄

지은이 · 온조 나오토 · ADK R3 프로젝트팀
옮긴이 · 아사츠디케이코리아
발행자 · 趙相浩
발행처 · (주)나남
주소 · 413-120 경기도 파주시 회동길 193
전화 · (031)955-4601(代), FAX:(031)955-4555
등록 · 제1-71호(1979.5.12)
홈페이지 · www.nanam.net
전자우편 · post@nanam.net

ISBN 978-89-300-8678-3
ISBN 978-89-300-8001-9(세트)
책값은 뒤표지에 있습니다.

나남신서 · 1678

Relationship

R3 커뮤니케이션

Relevance

Reputation

소비자와의 협동에 의한
새로운 커뮤니케이션의 가능성

온조 나오토
ADK R3 프로젝트팀 지음
아사츠디케이코리아 옮김

나남
nanam

R3 コミュニケーション

消費者との'協働'による新しいコミュニケーションの可能性

발간사

2011년 8월에 발간한 이 책이 1년이 조금 넘어 한국에서 발간되는 점을 매우 기쁘게 생각합니다.

social+local+mobile의 융합이 키워드였던 한 해이기도 했으며, 애드 테크놀로지도 진화하였고, 커뮤니케이션 디자인도 계속 변용하고 있다는 것을 느끼고 있습니다.

그러나 테크놀로지의 진화가 모든 것을 바꾸는 것이 아니라 커뮤니케이션은 사람의 보편적인 가치관이 있기 때문에 존재하는 것, 일방통행적인 커뮤니케이션이 아닌 공감을 얻을 수 있는 아이디어를 발견하는 것임을 잊어서는 안 됩니다. 소비자와의 협동을 만들어 낼 수 있는 아이디어를 창조하고 그것을 플래닝하고 실행하는 것이 우리들의 사명입니다. 그리고 그 근간에는 휴먼 센트릭스(*Human Centrix*)가 있는 것입니다. 이 책을 통하여 이러한 생각이나 사례를 많은 사람들과 공유할 수 있다면 좋겠습니다.

주식회사 아사츠디케이(ADK)
Deputy Director
Integrated Solution Center

곤도 카즈마사[近藤和正]

한국어판 머리말

R3 커뮤니케이션의 한국어판이 출판되어 일본어판의 출판 관계자 모두 매우 기쁘게 생각하고 있습니다. 세계적인 관점에서 보면 한국과 일본의 비즈니스 환경은 극히 유사하여 일본 기업을 중심으로 한 이 책의 구조나 관점의 대부분은 한국 기업에도 귀중한 시사나 교훈을 줄 수 있을 것이라고 확신하고 있습니다.

마케팅 분야에서는 마케팅 3.0이 주목받고 있습니다만 이 책은 정확히 마케팅 3.0에서 커뮤니케이션의 새로운 체계를 이야기하고 있습니다. 소셜미디어가 커뮤니케이션에서 큰 역할을 하게 된 오늘, 우리들은 매스미디어에 의존하는 종래의 마케팅 커뮤니케이션을 발본적으로 되돌아 볼 필요가 있습니다. 이 책에는 고객의 일부를 서포터로서 분리하여 기업이 소유하는 자사 미디어나 소비자가 주도하는 언드 미디어를 어떻게 전통적인 매스미디어와 크로스시킬지에 대한 전체상이 나타나 있습니다.

이 책을 단서로 많은 한국 기업이 커뮤니케이션을 되돌아 볼 수 있는 계기가 된다면 기쁠 것 같습니다.

일본어판 출판 관계자를 대표하여

온조 나오토[恩藏直人]

R3 커뮤니케이션은 지금까지는 대립구조로 여겨졌던 매스미디어 광고와 같은 유료 미디어(*Paid Media*), 자사의 웹사이트처럼 기업이 자체적으로 소유하고 컨트롤하는 자사 미디어(*Owned Media*), 그리고 소셜미디어의 발전으로 대두하는 언드 미디어(*Earned Media*), 이 세 가지의 트리플미디어(*Triple Media*)를 통합한 커뮤니케이션 디자인이라고 할 수 있습니다. R3의 R은 Relevance(연관성), Relationship(관계구축), Reputation(평판형성)의 머리글자를 따온 말로서 각각 유료 미디어, 자사 미디어, 언드 미디어라는 트리플미디어의 역할과 밀접하게 연결되고 있습니다. 마케팅 광고업계에서는 흔히 접하는 친숙한 용어지만 지금까지 각각 별개로 취급되었습니다. 하지만 이제는 더 이상 3개의 R을 분리해서 볼 것이 아니라 전체를 통합한 좀더 실전적인 커뮤니케이션 디자인 프레임을 제시할 필요가 대두하였습니다.

한편으로 마케팅 활동은 '미디어의 통합적 이용'을 뛰어 넘어서 '다양한 미디어를 활용한 소비자와의 협업'으로 가는 것이 피할 수 없는 추세가 되고 있습니다. 마케팅의 거장 코틀러(Philip Kotler) 교수는 *Marketing 3.0: From Products to Customers to the Human Spirits*라는 최근 저서에서 'Marketing 3.0'이라는 개념을 제시하였습니다. 마케팅 3.0은 글로벌 네트워킹하에서 이루어지고 있으며 소비자의 반응이 제품생산의 주된 역할을 하게 됩니다. 따라서 소비자의 협력이 중요하게 등장하였고 이를 위해서는 소비자의 영혼에 호소해야 한다는 것입니다. '환경에 신경을 쓰고, 사회에 동정심을 보여주는 기업이라면 내게 특별한 혜택을 주지 않더라도 그냥 좋다'는 것이 요즘의 소비자들입니다. 이 책은 이러한 코틀러 교수의 마케팅 3.0에서 많은 자극을 받았다고 합니다. 특히 마케팅 3.0을 구성하는 문화마케팅, 정신마케팅, 협동마케팅은 모두 R3 커뮤니케이션의 중요한 요소라고 할 수 있습니다.

이 책《R3 커뮤니케이션》은 일본뿐 아니라 해외에서도 마케팅 광고업계를 리드하는 ADK 본사 각 분야의 전문가가 한자리에 모여 많은 논의를 거쳐서 집필하였습니다. 마케팅, 미디어, 디지털, 프로모션, R&D 등 경륜과 실력을 겸비한 각 분야의 전문가들이 함께 모였습니다. 그리고 전체 총괄 및 감수는 와세다대학 상학과 교수인 온조 교수님께서 맡아 주셨습니다. 한국어판 번역은 마찬가지로 광고 전문가인 ADK의 한국법인 ADK Korea 스태프들이 맡아 주었습니다. 나라, 문화, 언어도 다르고 각각이 처한 마케팅 환경도 다르지만 디지털을 바탕으로 한 글로벌화는 지금 마케팅 광고업계가 동시에 겪고 있는 트렌드라고 볼 수 있겠습니다. 이러한 의미에서 이 책에서 소개하는 각국의 사례들은 R3 커뮤니케이션이라는 기법이 실제 마케팅 세계에 어떻게 활용되는지 마케팅 및 광고현장을 이해하는 데 많은 도움이 되리라 확신합니다. 또한 한국어판에만 추가적으로 소개한 국내사례는 일본 및 다른 해외사례와 더불어서 각 나라의 유사점과 상이점을 비교할 수 있는 좋은 기회라고 생각합니다.

번역판을 허가해 주신 온조 교수님을 비롯한 ADK 저작자분들, 국내 출판을 기꺼이 수락해 주신 나남의 조상호 대표님, 국내사례에 협조해 주신 대홍기획 및 이노션 담당자님, 그리고 번역을 수고해 주신 아사츠디케이코리아(ADK Korea) 여러분 등 관련된 모든 분들에게 감사드립니다.

2013년 3월
번역자를 대표해서
ADK Korea 대표이사
양 경 렬

머리말

정보기술, 소셜미디어의 발달 등으로 기업과 소비자의 관계는 더욱더 평등해지고 있습니다. 2010년 이러한 문제의식을 공유하던 와세다대학 상학부의 온조 나오토 교수와 아사츠디케이의 플래너들은 앞으로의 기업 커뮤니케이션의 방법을 연구하기 위한 공동프로젝트를 준비하기로 하였습니다. 이 책은 이 프로젝트팀에 의해 공동집필된 것입니다. 이 책의 목적은 소셜미디어의 발전에서 비롯된 3개의 R을 통합한 커뮤니케이션 디자인의 프레임을 제시하는 것입니다. 3개의 R이란 연관성(*Relevance*), 평판(*Reputation*), 그리고 관계(*Relationship*)의 머리글자를 가리킵니다. 즉, 각각 자기것화, 평판형성, 관계구축을 의미하는 것입니다.

종래 기업은 일반 소비자들에 대해 광고 등 1 대 N명의 커뮤니케이션 수단을 사용하여 인지를 촉진하고 관심을 불러일으켜, 소비자들이 그 메시지를 자기것화(*Relevance*)시킬 수 있도록 만듦으로써 성공했습니다.

그러나 현재는 이러한 메시지가 무시되거나 거부되는 경향이 강해지고 있습니다. 한편 소셜미디어의 발전과 함께 소비자 스스로의 정보 발신력이 높아지고 있습니다. 브랜드 인지나 구매의사 결정에 영향을 미치는 것은 기업으로부터 소비자에게 보내는 커뮤니케이션뿐만이 아닙니다. 오히려 소비자 속의 인플루엔서(*Influencer*, 영향력이 높은 발신자)가 발신원이 되어 소비자가 소비자에게 전하는(확산하는) 평판의 영향력이 매우 커지고 있습니다. 원래 평판이란 긍정적일 수도 혹은 부정적일 수도 있습니다. 어떻게 해야 자사 또는 브랜드에 대해 긍정적인 평판을 내리도록 할 수 있을까, 이를 위해서는 정보 발신자와 우호적인 관계를 구축하는 것이 중요합니다. 기업 또한 소셜미디어를 사용하여 소비자와의 관계를 재구축해야 합니다.

여기서 제시한 3개의 R인 연관성, 평판, 그리고 관계라는 단어는 결코 새로운 용어가 아닙니다. 레스터 분더만(Lester Wunderman)이 피터 드러커(Peter Ferdinand Drucker)에게 주목받는 광고에 대한 의견을 물었을 때 "좋은 광고란 어떤 독자에게도 이것이 다른 누구를 위해서도 아닌, 오직 나를 위한 광고라고 생각하게 만드는 것이다"라고 대답한 일화는 유명합니다. 이렇듯 지금까지 브랜드나 정보가 자기 자신만을 위한 것이라고 느낄 수 있는 상태를 가리키는 용어로써 연관성은 사용되어 왔습니다. 또한 평판은 간단하게 말하자면 입소문입니다. 입소문에 관한 연구나 서적은 오래전부터 존재했으며 마케팅 영역에서도 1990년경부터 주목받기 시작하여 미국에서는 2000년에 WOMMA(Word Of Mouth Marketing Association), 일본에서도 2009년에 WOMJ(WOM 마케팅협의회) 등 입소문(*Word Of Mouth*) 마케팅을 주제로 한 업계단체가 등장하고 있습니다. 관계 역시 오늘날의 마케팅 영역에 있어 중요한 개념이며 미국 마케팅협회에서도 2004년 마케팅의 정의를 개정하며 '고객과의 관계구축'이라는 역할을 추가하였습니다. 그러나 대부분의 경우 이러한 용어들은 특히 광고실무에서 각각 별개의 것이라고 생각되어 왔습니다. 그래서 저희는 이 3개의 R을 통합하여 좀더 실전적인 커뮤니케이션 디자인의 프레임, R3 커뮤니케이션을 제시하는 것을 목표로 삼았습니다.

더불어 지금까지는 대립구조로 여겨졌던 매스미디어 광고와 소셜미디어, 또는 기업이 자체적으로 소유하는 자사 미디어, 즉 이 세 가지의 트리플미디어를 통합한 커뮤니케이션 디자인을 제안하게 되었습니다.

이 책은 코틀러 교수의 《마케팅 3.0: 소셜미디어 시대의 새로운 규칙》에서 많은 자극을 받았습니다. 특히 마케팅 3.0을 구성하는 문화마케팅, 정신마케팅, 협동마케팅은 모두 R3 커뮤니케이션의 중요한 요소입니다. 특히 '협동'은 R3 커뮤니케이션에서 가장 중요한 아이디어라고 할 수도 있을 것입니다. 이런 이유로 이 책의 부제는 "소비자와의 '협동'에 의한 새로운 커뮤니케이션의 가능성"이라고 정하였습니다.

온조 교수는 지금까지 코틀러 교수의 많은 저서를 공동번역 및 감수, 감역했으며

2013년에 출판이 예정되어 있는 일본판《마케팅 원리》에서는 코틀러 교수와 암스트롱(Gary Armstrong) 교수와 함께 집필에 참여할 예정입니다. ADK R3 프로젝트의 멤버는 각각 마케팅, 미디어 플래닝, 디지털, 프로모션, 연구개발 등 다양한 분야에서의 업무를 담당하고 있습니다. 그리고 이 책의 완성을 위해서 연구자와 실무자의 벽을 넘어 모든 멤버들이 많은 논의를 거쳤습니다. 이 책이 조금이나마 독자 여러분들의 연구와 실무에 도움이 되었으면 하는 바람입니다.

이 책은 총 6장으로 구성되어 있습니다.

제 1장(STEP 1)에서는 'R3 커뮤니케이션'에 대한 주장과 프레임의 전제가 되는 문제를 제기합니다. 마케팅 3.0의 아웃라인을 소개하면서 이 책의 의의와 목표에 대해 설명할 것입니다.

제 2장(STEP 2)에서는 더욱 평등화되는 기업과 소비자의 관계에 대해 정리한 다음, R3 커뮤니케이션의 기반이 되는 삼각관계 커뮤니케이션에 대해 설명하겠습니다.

제 3장(STEP 3)에서는 고객과의 모든 접점이 되는 트리플미디어 환경을 전제로 어떻게 하면 효과적인 고객접짐을 발견하여 매니지먼트할 수 있을지에 내해 설명하고 있습니다.

제 4장(STEP 4)에서는 제 1장부터 제 3장까지 논의한 내용을 바탕으로 3개의 R을 통합한 새로운 커뮤니케이션 디자인 프레임인 'R3'을 제안합니다. 동시에 국내 · 외의 다양한 사례들을 R3 커뮤니케이션을 통해 해설하여 이해를 돕고자 합니다.

제 5장(STEP 5)은 실제 활용을 위한 장입니다. 'R3 커뮤니케이션 플래닝을 실무에 적용하기 위한 플래닝 흐름'에 관하여 사례를 들어 설명할 예정입니다.

마지막으로 제 6장(STEP 6)에서는 효과측정에 대해 이야기합니다. 실험조사의 결과를 바탕으로 3개의 R을 관리지표로 하는 효과측정의 방법론을 제안할 것입니다.

또한 제 2장 칼럼의 사례 소개에서는 일본 코카콜라의 인터렉티브 마케팅 & 시스템 이노베이션 바이스 프레지던트 에바타 히로토[江端浩人] 님과 무인양품[無印良品]의 웹사업부장 오쿠타니 타카시[奧谷孝司] 님께서 큰 도움을 주셨습니다. 제 4장의 일본 사례에서는 오쓰카제약, 기린맥주, 산텐제약, 시세이도, 후지중공업, HOYA, 미쓰이부동산, 야마나시현, 로토제약의 여러분들과 해외사례에서는 Crispin Porter + Bogusky의 제프 벤자민 님, Leuven의 애드 리안 반 루이 님의 도움을 받았습니다. 다시 한 번 이 자리를 빌려 감사의 말씀을 전합니다.

집필자 일동

R3 커뮤니케이션

소비자와의 협동에 의한
새로운 커뮤니케이션의 가능성

차 례

STEP 4

새로운 커뮤니케이션 디자인 프레임 "R3"의 제시

STEP 5

R3 플래닝의 실전

STEP 6

R3 스케일에 의한 효과측정

STEP 1

문제제기

상품의 커머디티화와 미디어의 다양화
소비자는 물건을 사지 않게 된 것인가
정착하는 브랜드는 불과 0.5%
플랫화되는 기업과 소비자의 관계
새로운 커뮤니케이션 디자인의 발상
IMC 1.0에서 3.0으로

IT로 무장한 소비자의 행동은 예전과 크게 변화하고 있다. 많은 정보를 실시간으로 얻을 수 있으며, 그러한 정보를 바탕으로 한 구매행동은 온라인 쇼핑의 보급과 맞물려 기업의 예측을 넘어서는 수준으로 진화하고 있다고 해도 과언이 아니다. 그 결과 TV나 신문 등의 전통적인 미디어의 영향력이 줄어드는 등 기업으로서도 기존의 커뮤니케이션 방법에 대한 자기반성이 필요해졌다.

이러한 경향은 이 책을 집필함에 있어 집필 멤버들의 공통된 인식이었으며 단순히 종래의 프레임을 수정하거나 일부분을 추가하는 것이 아닌 전혀 새로운 커뮤니케이션 디자인의 프레임으로서 R3 커뮤니케이션을 제안할 필요성이 있음을 인식하게 해주었다.

이번 장에서는 제2장 이후에 전개될 프레임의 전제가 되는 문제제기를 소개한다. 구체적으로는 오늘날의 마케팅 환경의 특징은 무엇인지, 소비의식은 어떻게 변화하는지, 브랜드 구축의 어려움, 기업과 소비자의 새로운 관계는 어떤 것인지 등에 대해서 정리하겠다.

상품의 커머디티(*Commodity*)화와 미디어의 다양화

오늘날의 마케팅 환경의 특징을 생각할 때 커머디티화를 제하고 논할 수는 없을 것이다. 커머디티란 '일반상품'이나 '일용품'이라는 의미로서, 차별화가 어려운 평이한 상품을 의미한다. 때문에 가격경쟁이 심화되는 상품이라고도 할 수 있다. 예를 들어, 밀이나 옥수수 등의 농작물, 석유나 광물자원 등의 원재료도 커머디티이다. 생산지의 차이는 있으나 파운드당 가격으로 거래되고 있다.

문제제기

지금까지 지적되어 온 마케팅에서의 과제

- ☑ 상품의 커머디티화
- ☑ 미디어의 다양화
- ☑ 소비자의 구매 프로세스의 변화

롱셀러 브랜드가 탄생하기 어려운 환경

- ☑ 연간 100개의 상품 중 정착되는 것은 0.5%
- ☑ 구매로 끝나는 것이 아닌 지속적으로 구매하도록 하는 구조가 더욱 중요

소셜미디어의 발전에 의해 기업과 소비자의 관계는 더욱 플랫화

- ☑ 소셜미디어의 보급에 의한 일반 소비자의 발언 임팩트의 증대
- ☑ 기업과 소비자와의 관계는 발신자와 수신자에서 더욱 플랫한 관계로
- ☑ 커뮤니케이션은 이자(二者)간 관계에서 '삼각관계'로

앞으로 요구되는 커뮤니케이션 디자인의 중점

- ☑ 구매까지뿐만 아니라 구매한 이후를 중시
  기업과 소비자와의 영속적인 관계구축을 목표로 하는 커뮤니케이션 디자인을 제시
- ☑ 소비자를 자사의 고객이자 나아가 지원자(서포터), 가치 공동 창조자로 여김
- ☑ 소비자와의 협동을 목표로 하는 커뮤니케이션 디자인=IMC3.0

또한 커머디티화란 음료나 일용잡화 등 종래에는 브랜드마다 차별화되어야 할 상품에서도 일반상품과 같이 차별화가 어려워지는 것을 말한다. 이것은 기술수준이 높아짐에 따라 기업의 개발력이나 생산력이 균일화되기 때문에 생기는 현상이다(恩藏, 2007).

금세기에 들어서 커머디티화는 패키지 상품뿐만 아니라 가전제품이나 서비스에서도 나타나고 있다. 벽걸이 TV나 컴퓨터의 기능면에서도 브랜드간의 차이를 거의 알 수 없으며, 소비자는 '어느 제조회사의 상품을 사도 차이가 없다'라고 할 수 있는 상황이다. 커머디티화가 진행됨에 따라 경쟁의 축은 가격지향으로 이동하며 기업이익의 압박을 초래하고 있다.

또한 커머디티화와 함께 '미디어의 다양화' 역시 오늘날 마케팅 환경의 간과할 수 없는 특징이다. 마케팅에서 커뮤니케이션을 논할 때 종래에는 TV나 신문 등 매스미디어를 중심으로 이야기하였다. 매스미디어를 통해 신제품의 인지도나 호감도를 상승시키면 확실하게 구매로 이어지게 할 수 있었기 때문이다. 그러나 최근에는 상품구매는 매스미디어 이외의 미디어가 큰 역할을 하게 되었다. 인터넷을 통해 소비자들은 단시간에 그것도 많은 정보를 스스로 얻을 수 있게 된 것이다. 페이스북이나 SNS(소셜네트워크 서비스) 또는 트위터 등을 통해서 소비자들간에 전개되는 입소문의 영향력은 매스컴의 영향력을 부분적으로는 훨씬 뛰어넘는 수준으로 성장하고 있다.

물론 새로운 미디어의 영향은 커뮤니케이션에 그치지 않는다. 인터넷의 발전에 따라 소비자의 구매행동도 크게 변화하고 있다. 인터넷을 통한 구매는 서적이나 음악뿐만이 아니라 패션, 식료품, 보험, 여행, 추석이나 설 선물, 가전부터 대형 가구까지 다양한 상품분야에 이르고 있다.

소비자는 물건을 사지 않게 된 것인가

최근의 젊은이들은 물건을 사지 않는다고 한다. 자동차, 술, 여행 등 '젊은이들의 ○○기피현상'에 해당하는 상품이나 서비스는 매우 많다. 대학생들과 대화를 나누어 보면 자동차에 150만 엔이나 200만 엔씩 쓰는 것에 대한 가치를 모르겠다고 말하곤 한다. 여대생들의 관점에서 보아도 남학생들이 자동차를 가지고 있다고 해도 그에 따라 매력이 높아지지 않는다고 한다. 오히려 '거리감이 생긴다'라는 의견까지 있었다.

왜 젊은이들은 물건을 사지 않게 된 것인가? 세대별 가치관 분석에서는 몇 개의 요인이 밝혀졌다. 예를 들어, 오늘날 젊은이들은 판단력이 생기는 어린 시절부터 주위에 다양한 물건이 넘쳐 '이것이 갖고 싶다'라는 강한 욕구를 별로 느끼지 못하면서 성장하였다. 한편 경제는 장기적인 불황이 이어지고 있어 생활이나 고용에서 장래의 불안이 해소되지 않고 있다. 이것이 물건을 구입할 때 실패하고 싶지 않다는 심리로 이어져 버블세대에서 보이는 것과 같은 낙관적이고 계획성이 없는 소비행동을 하지 않게 되는 것이다. 소비행동 그 자체가 싫은 것은 아니지만 낭비를 피하고 싶다는 생각이 크게 작용하며 가치나 효율성을 항상 의식한다고 할 수도 있겠다.

젊은이들의 소비가 감소하고 있다는 것을 나타내는 조사결과도 있다. 총무성의 통계(《2009년도 전국 소비실태 조사》)에 따르면 청년 근로자 단독세대의 평균 소비성향(가처분 소득에 대한 소비지출의 비율)은 저하되는 경향이 있다. 특히 여성의 경우 1989년 93.3%에서 2009년에는 79.9%까지 하락하였다. 즉, 젊은 여성들의 저축은 7%에서 25%까지 증가했다고 생각할 수 있다.

참고로 2008년에 실시된 젊은이들의 소비방법을 조사한 인터넷 조사 결과[1]에 따르면 돈을 사용하고 싶은 대상으로써 20대 남녀가 가장 먼저 꼽은 것은 '저축'(44%)이었다.

그들은 물건을 사지 않게 된 것뿐만이 아니다. 기본적으로 소유욕이

1 마크로미르, 《젊은이들의 생활의식 조사 2008》.

약하며 또한 행동범위가 좁다. 여행을 가지 않는다는 것은 그 상징적인 예라고 할 수 있다. 예전과는 삶에 대한 가치관이 크게 달라진 것이다.

이러한 성향의 그들을 행동하게 할 수 있는, 즉 소비하도록 유도하는 것은 그 자체가 매우 어려운 것이며, 일방통행의 매스미디어만으로는 그것이 한계가 있다고 생각할 수 있겠다.

정착하는 브랜드는 불과 0.5%

커머디티화, 미디어의 다양화 나아가서는 소비의식의 변화에 의해 기업은 '새로운 브랜드 구축의 어려움'이라는 큰 과제에 직면하게 되었다. 연간 발매되는 100개의 새로운 브랜드 중에서 정착하는 브랜드는 불과 0.5% 정도라고 한다.

산토리의 '가쿠빙'[角瓶], 시세이도[資生堂]의 'SEABREEZE', 롯데의 '가나 밀크 초콜릿', CALPIS의 '칼피스 소다' 등 꾸준히 브랜드를 보강하여 큰 성과를 거두는 브랜드들도 있다. '가쿠빙'은 하이볼이라는 새로운 음용방법을 제시하였고 'SAEBREEZE'는 메인 타깃을 남성에서 여고생으로 이동시켰으며 사용용도 또한 여름철 바다에서 일상생활로 변경함으로서 브랜드의 재활성화에 성공하였다. 가나 초콜릿의 경우는 '어머니의 날 캠페인'을 다년간 지속적으로 전개함으로써 매출을 2배 이상 증가시킬 수 있었다. 그러나 최근 몇 년간 어느 상품 카테고리를 보아도 새로운 대형 브랜드는 거의 탄생하고 있지 않다.

더욱이 이러한 상황은 기업 측의 사정과도 관계가 있다. 최근 극심한 경기불황을 겪는 상황에서 대부분의 기업에서는 단기간에 새로운 브랜드를 구축할 수 있을 정도의 여력이 없기 때문이다. 상품개발이나 광고투자의 측면에서도 비효율적이며 환경도 뒷받침해주지 않는다. 그러므로 이미 정착한 소수의 브랜드로 효율적인 수익을 올리고 싶어 하는 기업으로서는 기존 브랜드를 지속적으로 성장시키거나 재활성화시키는 것이 절실한 과제가 되고 있다(Keller, 2010).

플랫화되는 기업과 소비자의 관계

더욱이 잊어서는 안 되는 것이 기업과 소비자 사이에 나타난 새로운 관계이다. 소셜미디어의 발달로 기업과 소비자 간의 관계가 더욱 플랫화되고 있다는 것은 틀림없는 사실이다. 블로그나 SNS, 트위터의 보급으로 소비자가 부담 없이 발언할 수 있는 기회가 많아지고 그 정보 발신력은 비약적으로 높아졌다. 게다가 지인들의 범위가 넓어짐에 따라 소비자 중에서 인플루엔서가 등장하기 쉬운 환경이 조성되었다. 인플루엔서란 블로그나 SNS 등 이른바 CGM(*Consumer Generated Media*)의 환경에서 다른 사람들에게 큰 영향력을 미치는 발신자를 의미한다. 기업과 소비자의 관계는 지금까지와 같은 정보 발신자와 수신자의 관계가 아닌 N 대 N이라는 도식 속에서 더욱 대등한 관계가 되고 있다고 말할 수 있겠다. 인터넷을 통해 소비자는 기업에 의견을 말하거나 조언할 수 있다. 반대로 말하자면 기업은 인터넷 조사나 자사 사이트의 회원조직 등을 이용하여 손쉽게 의견을 구할 수 있으며 상품의 평가를 조사할 수도 있게 되었다.

그러나 이러한 상황에도 불구하고 아직까지도 많은 기업들이 정보는 기업으로부터 소비자에게 직접 발신하는 것이라는 1 대 N의 발상에서 벗어나지 못하고 있다.

어떤 브랜드가 많은 소비자들에게 사랑받게 되면 그 브랜드는 기업의 것이 아닌 소비자의 것이 된다. 즉, 브랜드가 독자적으로 성장하기 시작하는 것이다. 브랜드론에서는 브랜드 런칭시의 소유권은 기업에게 있지만 구축된 후의 소유자는 소비자라는 것이 강조되고 있다(Fournier, 2010). 그러므로 기업의 일방적인 생각으로 브랜드를 다룰 경우에는 그 소유자인 소비자들로부터 비판을 받는 경우도 많다. 1985년 브랜드의 성격을 바꿔 대실패한 '뉴코크'의 사례 등을 떠올려주길 바란다. 소비자를 자사와 동떨어진 존재가 아닌 자사의 파트너이자 지원자이며 협력자로서 생각할 필요가 있다. 이러한 생각은 예전부터 존재했으나 소비자가 정보 발신력을 갖게 됨으로써 그 관계성이 좀더 뚜렷해졌다고 할 수 있겠다.

소비자와의 활발한 커뮤니케이션을 위해서 트위터나 페이스북을 개설하는 기업도 많지만 아직까지는 그 활용방법이 제한적이다. 예를 들면, 기업이 트위터를 활용하여 소비자에게 정보를 확산하고 평가를 만들어 내는 활동과 TV나 CF 등의 매스미디어를 활용하여 전개하는 광고활동을 연계하는 것을 주저하는 기업이 많다. 앞으로는 위 두 가지를 유기적으로 연결하는 커뮤니케이션 활동이 요구된다.

새로운 커뮤니케이션 디자인의 발상

이제부터 요구되는 새로운 커뮤니케이션 디자인 발상의 포인트를 세 가지로 축약하여 정리하겠다.

첫 번째 포인트는 '저장성'이다. 오늘날의 시장을 보면 끊임없이 새로운 브랜드가 등장하여 새로운 시장이 등장하는 시대는 지났다는 것을 알 수 있다. 대량의 매스미디어 광고를 집행하는 것만으로 소비자를 쉽게 사로잡을 수 있는 시대도 아니다. 그렇다면 어떻게 해야 소비자가 상품을 사줄지뿐만 아니라 어떻게 해서든 지속적으로 구매하도록 만드는 것이 중요해진다. 이를 위해서는 호감이나 인지도를 얻기 위해 광고를 대량 투하하는 발상에서부터 소비자를 자신의 편으로 만들어 영구적인 관계를 유지하고자 하는 저장형의 커뮤니케이션을 고려할 필요가 있다.

마케팅 커뮤니케이션 모델에서도 근래에는 직선적인 모델이 아닌 '성숙'이나 '루프'와 같은 시점이 어우러져 있다(恩藏 · 井上 · 須永 · 安藤, 2009). 소비자의 구매행동을 설명할 때에는 AIDMA 모델과 같이 인지부터 행동까지를 직선상으로 설명하는 것이 아니라 소비 후의 태도나 행동에 더욱더 초점을 맞춰 커뮤니케이션을 점차 숙성시켜 나아간다는 관점이 필요하다. 숙성이나 루프와 같은 관점은 흐름보다는 저장의 발상에 더욱 가깝다고 할 수 있겠다.

두 번째 포인트는 '대행'이다. 오늘날의 커뮤니케이션은 기업만이 주인이 아니다. 기업이 지금까지 담당해왔던 커뮤니케이션의 일부를 고객(소비자)이 대행하도록 한다는 발상이 필요하다. 이를 위해 어느 부분을 자사가 담당하고 어느 부분을 소비자에게 대행하도록 할 것인지에 관한 의사결정이 커뮤니케이션 디자인에서 가장 중요한 사항이 된다. 알기 쉬운 예로는 캠페인의 고지와 실행이다. TV광고 등의 매스미디어 광고와 소셜미디어의 활용, 실제 이벤트나 매장에서의 리얼한 현장활동 그리고 상품 패키지의 역할 등을 어떻게 잘 연계하여 캠페인의 효과를 최대화할 수 있는지를 예전보다 더욱더 진지하게 생각해 볼 필요가 있다. 이른바 통합형 마케팅 커뮤니케이션이라 할 수 있으나 그것을 게을리 하지 않음으로서 캠페인의 효과는 종래보다 비약적으로 높아질 가능성이 있다고 말할 수 있다.

노스웨스턴대학의 코틀러 교수 등에 의해 발표된 마케팅 3.0(〈도표 1-1〉)에서도 같은 주장이 전개되고 있다(Kotler, Kartajaya, Setiawan, 2010). 새로운 시대의 커뮤니케이션은 소비자와 기업이 혼연일체가 되어 전개해야 한다는 것이다. 그들은 그것은 '협동(協働) 마케팅'이라고 부른다.

코틀러 교수 등에 따르면 마케팅은 오랜 시간 동안 1.0에서 2.0으로 진화해왔다. 마케팅 1.0이란 제품 중심의 단계로써 대량생산된 상품을 더 많은 소비자들에게 저렴한 가격으로 공급했던 시대이며 '어떻게 팔 것인가'에 중점을 두었던 단계이다. 마케팅 2.0이란 소비자 중심의 단계로써 소비자의 니즈에 맞는 상품을 제공하여 소비자 만족을 높였던 시대이며 '어떻게 하면 지속적으로 구매하게 할 수 있는가'에 중점을 두었던 단계이다.

그리고 앞으로 마케팅은 3.0의 스테이지로 진화해야 할 필요성이 있다고 말한다. 마케팅 3.0이란 가치 중심의 단계이다. 기업이 소비자를 전인적 존재로 보고 세상을 좀더 좋게 만들고 싶다는 소비자의 가치관을 공유하며 그것을 실현하기 위해 상품을 제공하는 시대라는 것이

도표 1-1 코틀러 등에 의한 '마케팅 3.0'

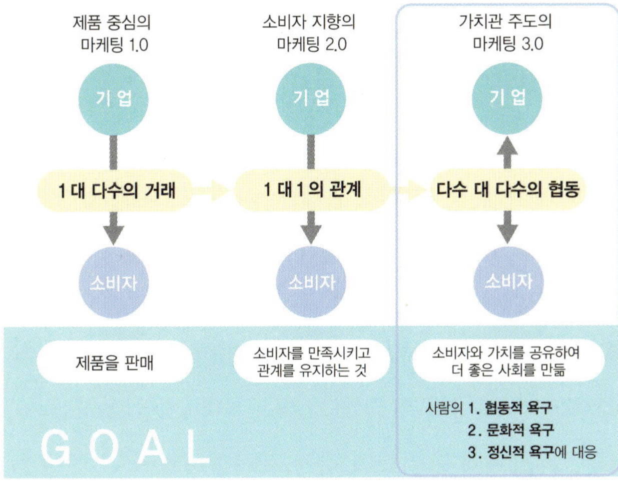

다. 이러한 마케팅 3.0에 있어 반드시 필요한 것이 마케팅 활동에 대한 소비자의 협동이다. 물론 기업과 소비자와의 협동, 즉 콜라보레이션은 커뮤니케이션뿐만 아니라 상품개발 등에서도 실현가능한 것이다.

세 번째 포인트는 '정신성'이다. 지금까지의 마케팅 커뮤니케이션은 브랜드와 강한 연결고리가 있으며 브랜드의 인지도 및 로열티를 향상시키는 등 브랜드 가치에 중점을 두고 있었다. 그러나 새로운 마케팅 커뮤니케이션에서는 이러한 '브랜드 가치'의 의미를 다시 생각해 볼 필요가 있다. 만약 브랜드 가치를 상품의 기능적인 부분으로 만족시키는 것이라고 정의한다면 그것은 옳지 않은 것이다. 정신적인 충족이 실현되지 않는다면 장기적인 성공으로 이어지기 힘들다는 것은 당연한 것이기 때문이다.

그러므로 앞으로는 소비자의 의지나 정신적인 면을 충족할 수 있는 가치를 소비자와 함께 창조할 수 있는 상품 및 브랜드가 요구될 것이다.

소비자(유저)의 니즈를 충족시키고 그들로 하여금 감사하게 만드는 가치로는 부족하다. 앞으로 필요하리라 생각되는 브랜드의 가치란 소비자를 감격시키고 감동시키는 것이어야 한다.

또한 이러한 생각은 3 · 11 일본 대지진 이후의 일본 시장에서는 더욱더 중요한 것이 되고 있다고 생각할 수 있다. '이익'을 전면으로 추구하여 무엇이든 팔기만 하면 된다는 자세는 이제 더 이상 받아들여지지 않는다. 소비자, 다시 말하면 생활자와 함께 생활자를 위한 가치, 그리고 사회공헌이라는 가치를 창출하는 것이 기업=법인(法人)이라는 인격에 부여된 큰 사명이 되고 있기 때문이다. 지금 이러한 사명을 다하기 위해서 생활자에게 어떻게 다가가고 협동할 수 있는지를 지속적으로 고민하는 자세가 요구되고 있다.

이 책에서는 편의상 기본적으로 소비자라는 단어를 사용하고 있다. 이 단어는 생활자와 같은 의미로서 사용하고 있으며 때로는 유저나 고객과 같은 의미도 포함하고 있다. 그러나 기업은, 본래는 소비하는 사람이 아닌 생활하는 사람이라는 인식의 변화부터 시작해야 하는 것일지도 모르겠다.

IMC 1.0에서 3.0으로

우리가 지향해야 할 커뮤니케이션 디자인은 마케팅 3.0에 대응하는 IMC 3.0(통합형 마케팅 커뮤니케이션 3.0)이라 부를 수 있을 것이다. 마케팅이 3.0의 단계로 진화하는 것처럼 마케팅 커뮤니케이션도 3.0의 단계로 진화해야 할 시기가 도래하였다.

IMC 1.0에서는 소비자를 수동적인 존재로 인식하였다. 매스미디어에서부터 매장에 이르기까지 다양한 고객접점에서 광고표현을 통일함으로써 브랜드의 가치를 전달하는 이른바 원 보이스 · 원 룩(*one voice, one look*) 전략이다. 예를 들면, 캠페인 캐릭터를 TV광고에 등장하게 함과 동시에 그와 같은 크기의 판넬을 매장에 전시하여 표현을 통일하는 것을 말한다. 광고 커뮤니케이션 서적에서는 커뮤니케이션 믹스라는 단어로 설명하고 있으며 어떤 매체를 얼마나 집행할 것인지에 중점을 두었다.

이어지는 IMC 2.0의 전제는 소비자는 유도가능한 존재로서 인식하였다. 상품정보를 집약한 홈페이지 등의 자사 미디어를 마련하고 도달률이 높은 매스미디어를 고지매체로 활용하여 소비자를 자사 미디어

도표 1-2

	IMC 1.0	IMC 2.0	IMC 3.0
목적	**설득한다**	**유도한다**	**협동한다**
타입(형)	원 보이스 · 원 룩형 커뮤니케이션	크로스미디어형 커뮤니케이션	트리플미디어형 커뮤니케이션
미디어	유료 미디어 중심	유료 미디어 + 홈페이지 등 자사 미디어	유료 미디어 + 자사 미디어 + 소셜미디어 등 제3의 미디어

로 유도하는 이른바 크로스미디어 전개를 말한다. 이 단계에서는 집행할 매체의 종류와 더불어 소비자들을 어떻게 유도할 것인지도 고민해야 할 필요가 있었다.

그리고 이 책에서 새롭게 제안하는 것이 IMC 3.0이다. IMC 3.0에서는 소비자를 대등한 입장으로 인식하고 있다. 기업과 소비자가 협동하여 브랜드의 가치를 높이고 숙성시켜 나아가는 커뮤니케이션 디자인이다. 커뮤니케이션 2.0까지의 쟁점과 더불어 저장성, 대행, 그리고 정신성 등이 가미되어야 하는 것이다.

STEP

2

더욱 플랫화되는 기업과 소비자의 관계

높아지는 소비자의 발언력

상품 카테고리에 따라 화제성과 추천의 정도에 차이가 있는가

'도로리치 나우' 사례에서 볼 수 있는 캐주얼한 추천

커뮤니케이션은 이자(二者)간 관계에서 '삼각관계'로

삼각관계 커뮤니케이션

삼각관계 커뮤니케이션과 간접적 어프로치

[칼럼] 기업에 의한 잠재 지원자(서포터) 만들기—코카콜라 파크

[칼럼] SNS를 활용하여 일반 소비자와 관계 만들기—무인양품

높아지는 소비자의 발언력

소비자 중에서도 프로와 어깨를 나란히 할 만한 지식을 갖고 스스로 상품을 개량하거나 다른 사람에게 조언하거나 하는 소비자의 존재는 지금까지도 지적되어왔다. 예를 들어, 앨빈 토플러(Alvin Toffler)는 《제3의 물결》에서 생산자에 가까운 '프로슈머'라 불리는 소비자의 등장을 예견하고 있었으며, 하마오카(2001, 2002)는 시판되는 상품에 약간의 수고를 더해 자신만의 것으로 만드는 소비자의 등장을 지적하고 그들을 '액티브 컨슈머'라고 이름 붙였다.

실제로 정보발신에 대한 욕심이 있는 소비자는 개인 블로그나 게시판 등을 통해서 프로 이상의 풍부한 지식과 견해를 발신하고 있다. 그 대표적인 존재가 '파워 블로거'라 불리는 사람들이다.

그럼에도 불구하고 오랜 시간 인터넷에서 강한 발신력을 가질 수 있는 소비자는 극히 일부이다. 그러나 오늘날에는 게시판, SNS 등 부담없이 발언할 수 있는 소셜미디어가 급속도로 보급됨에 따라 일반 소비자의 발언기회나 빈도가 증가하고 있다.

특히 트위터 등의 미니 블로그는 글자 수가 140자로 한정되어 있기 때문에 깊은 내용을 담을 수 없다는 점에서 거꾸로 누구나 발언할 수 있다는 간편함이 있다. 예를 들어, '지금 비가 왔다', '편의점 A의 주먹밥이 맛있다'와 같이 내용이나 스킬과 상관없이 발언할 수 있으므로 마치 옆에 있는 친구에게 가볍게 '전달'하는 것과 같은 감각으로 인터넷상의 불특정다수에게 특정 상품에 대해서 평가하는 것이 가능한 것이다.

더욱이 3 · 11 일본 대지진 후 이 경향은 크게 변화하였다. 더 많은 트위터 유저가 목소리를 높이게 된 것이다. 그 결과 140자를 몇 번이고 반복하여 장문의 글을 투고하는 등 트위터 본래의 목적으로부터 벗어나 사용하는 유저도 생겨나게 되었다. 예를 들어, 페이스북과 트위터를 비교하면 페이스북은 비교적 폐쇄적인 환경에 있으므로 좀더 편하게 자신이 좋아하는 것들이나 재미있었던 것들에 대해서 이야기하는 옛 아낙들의 빨래터와 유사한 공간이 되었다. 어두운 이야기나 무거운 이야기는 기본적으로 이 공간에서는 꺼내지 않는다는 유저가 많다. 이에 비해 트위터상에는 더 폭넓고 깊은 정보가 뒤섞여 있으며 자신의 주장과 분노 등의 감정도 드러나 있다.

그렇다면 실제로 웹사이트상에서 발언하는 사람은 어느 정도 존재할까. 2011년에 ADK에서는 소셜미디어의 활용도를 리와 버노프(Li, Charlene, Josh Bernoff, 2008)에 의한 분류[1]에 따라 7개 그룹으로 나누어 조사하였다(〈도표 2-1〉).

단, 리와 버노프는 복수응답에 의한 조사였으나 ADK에서는 유저의 분류를 명확하게 하기 위하여 단수응답에 의한 조사를 실시하였다. 순서는 정보 발신도가 높은 순서대로 '창조: 자신의 홈페이지나 블로그를 정기적으로 갱신 또는 동영상 사이트 등에 자신의 동영상이나 음악을 업로드하고 있다', '비판: 타인의 블로그, SNS, 게시판에 글을 남기거나 전자상거래나 비교 사이트에 리뷰를 적기도 한다', '회화: SNS나 미니 블로그(트위터 등)에서 정기적으로 기사를 쓰거나 멘션을 보낸다'로 나누었다. 그리고 정보 수신도가 높은 순서대로 '수집: 스스로

1 Li, Charlene, Josh Bernoff는 저서 *Groundwell: Winning in a World Transformed by Social Technologies*에서 소셜미디어의 참가도에 따라서 창조자, 비평자, 수집자, 가입자, 시찰자, 불참가자로 분류하였다(나중에 '대화'를 추가함).

도표 2-1 ADK Social Media Activity Profile

적극도	유형	내용
발신의 적극도	창 조 12.9%	자신의 홈페이지나 블로그를 정기적으로 갱신하거나 동영상 사이트 등에 자신의 비디오나 음악을 투고한다.
	비 평 6.3%	타인의 블로그나 SNS, 게시판에 댓글을 달거나 EC사이트나 비교 사이트에 리뷰를 투고한다.
	대 화 11.7%	SNS나 미니 블로그(트위터 등)에 정기적으로 기사를 쓰거나 멘션을 남긴다.
수신의 적극도	수 집 3.7%	스스로는 정보를 발신하진 않으나 포털 사이트를 커스터마이즈하거나 RSS 리더 등을 사용하여 정보를 수집한다.
	가 입 7.5%	SNS나 미니 블로그의 서비스에 등록만 한 상태이다.
	관 찰 27.1%	다른 사람의 기사나 투고를 읽거나 다운로드하기도 한다.
	불 참 30.9%	위의 어느 것에도 해당되지 않는다.

출처 : ADK 생활자통합조사 2011

도표 2-2 7개의 유저 타입 연령별 내역

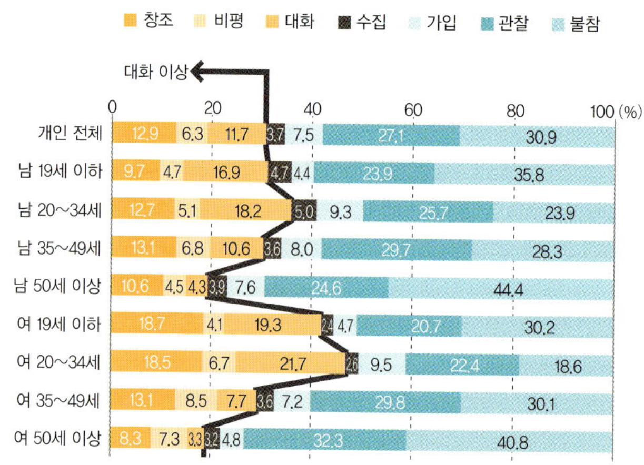

주 : 발신율(참가 이상)이 높은 것은 남녀 모두 20~34세. 출처 : ADK 생활자통합조사 2011

정보발신을 하지는 않으나 포털사이트를 편집(커스터마이즈)하거나 RSS 리더를 사용하여 정보를 수집하고 있다', '관찰: 타인의 기사나 투고를 읽거나 다운로드한다', '불참: 상기 어느 것에도 해당사항 없다'로 나누었다. 여기서는 '창조', '비판', '회화'에 해당하는 그룹이 정보 발신자, 즉 잠재 지원자라고 할 수 있다.

조사의 결과(〈도표 2-2〉) 자신의 홈페이지나 블로그를 정기적으로 갱신 또는 동영상 사이트 등에 자신의 동영상이나 음악을 업로드하는 사람(창조그룹)은 12.9%였으며, 다음으로 타인의 블로그, SNS, 게시판에 글을 남기거나 전자상거래나 비교 사이트에 리뷰를 적기도 하는 사람(비평그룹)은 6.3%였다. 그리고 SNS나 미니 블로그(트위터 등)에 정기적으로 기사를 쓰거나 멘션을 발신하거나 하는 사람(대화그룹)은 11.7%가 있었다.

이 3개의 그룹을 정보를 발신하는 소비자라고 본다면 약 30%에 달하는 수치임을 알 수 있었다.

또한 연령별로는 남녀 모두 20~34세가 많은 것이 특징이다.

다음으로 블로그와 SNS에 글을 남기는 빈도를 합산한 결과를 보면(〈도표 2-3〉) 한 달에 한 번 이상 글을 남기는 사람은 20대에서는 50% 이상, 30대에서도 40% 이상으로 나타났다. 특히 20대에서는 약 10%가 거의 매일 글을 남긴다고 답변했다.

이러한 조사결과에서도 일부 파워 블로거의 정보 발신력뿐만 아니라 일반 소비자의 발신의 영향력도 무시할 수 없을 정도로 커지고 있다는 것을 알 수 있다.

도표 2-3 블로그, SNS 등의 등록, 코멘트 빈도

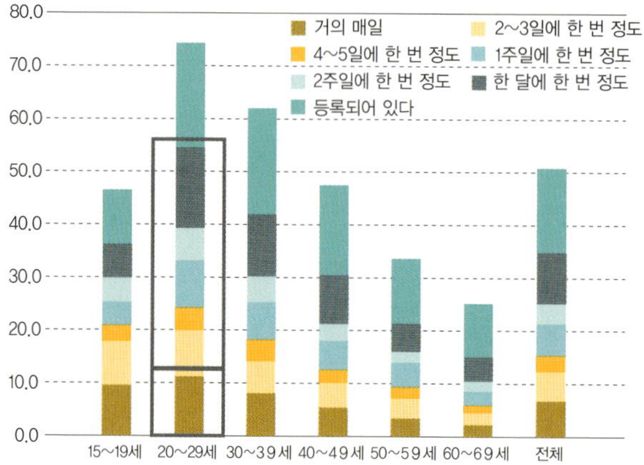

주 : ADK 생활자통합조사(2010) : 2010년 5~6월 1도 3현 남녀 12~69세 n=10,761 출처 : ADK 생활자통합조사 2011

도표 2-4 구매자가 본 상품 카테고리 매트릭스

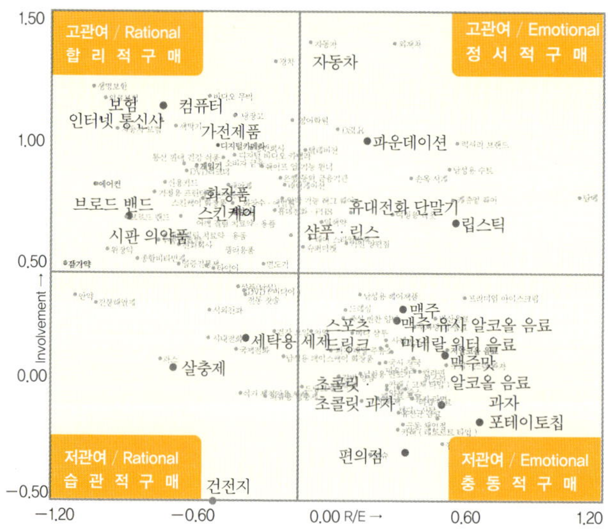

출처 : ADK 조사 : 2005년 4월 ~ 2010년 11월 각 카테고리별로 전국남녀 n=600~1000

상품 카테고리에 따라 화제성과 추천의 정도에 차이가 있는가

소셜미디어의 발달로 입소문이 발생하기 쉬운 환경임을 살펴보았으나 '상품 카테고리나 브랜드의 차이에 따라서 화제성이나 추천의 정도에 차이가 있는가'라는 의문이 생길 수 있다.

이를 알아보기 위해 상품관여의 높고 낮음과 합리적 동기(*Rational*)와 정서적 동기(*Emotional*)의 2개의 축을 기준으로 카테고리를 분류하여(〈도표 2-4〉) 화제성과 추천의 정도를 조사하였다.

조사결과(〈도표 2-5〉)를 보면 고관여 상품이면서 동시에 합리적 동기에 의해 구매하는 컴퓨터가 가장 화제에 오르기 쉬웠으며, 다음으로 맥주, 과자 등 저관여 상품이라도 정서적 동기에 의해 구입하는 상품이 화제에 오르기 쉬운 것을 알 수 있다. 네 가지의 카테고리에 따른 특징은 그다지 없고 상품에 따라 분산되는 경향이 있지만 저관여이면서 합리적 동기의 상품 카테고리(살충제, 세제, 건전지 등)에서는 전체적으로 화제에 오르기 어려워 보였다. 이러한 상품은 습관적으로 구매하는 경향이 강하므로 다른 상품과는 다른 커뮤니케이션으로 화제환기가 필요하다고 생각할 수 있겠다.

다음으로 화제성과 추천의 정도가 가장 높은 컴퓨터에 관하여 같은 상품 카테고리에서도 브랜드에 따라 차이가 있는지를 조사하였다. 각 컴퓨터 브랜드에 따라 유저와 입소문 간의 관계를 살펴보니 흥미로운 결과가 도출되었다(〈도표 2-6〉).

각 브랜드가 어느 그룹을 많이 포함하는가를 살펴보면 A사와 B사의 경우 '창조', '비판', '대화'의 그룹이 많은, 즉 소셜미디어를 통한 정보

도표 2-5 카테고리별 화제성이나 추천도의 경향

● 저관여 및 합리적인 동기에 의해 구매하는 카테고리 이외에는 카테고리간에 큰 차이는 보이지 않는다.

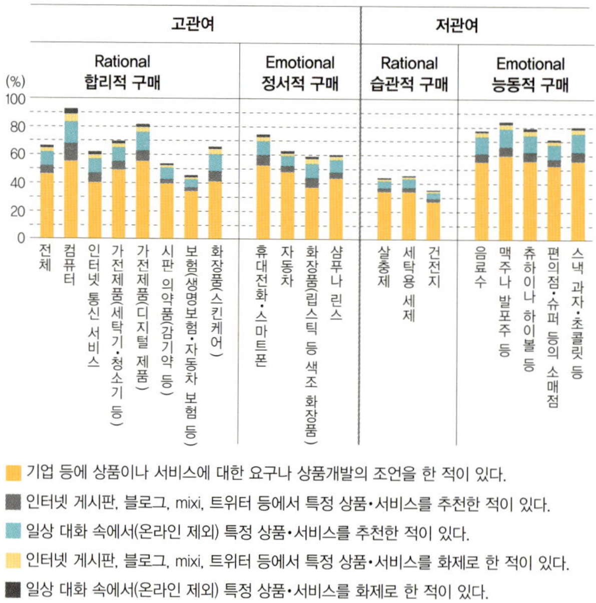

출처 : 2010년 10월 조사 〈전국, 남녀 15~59세〉 n5033

도표 2-6

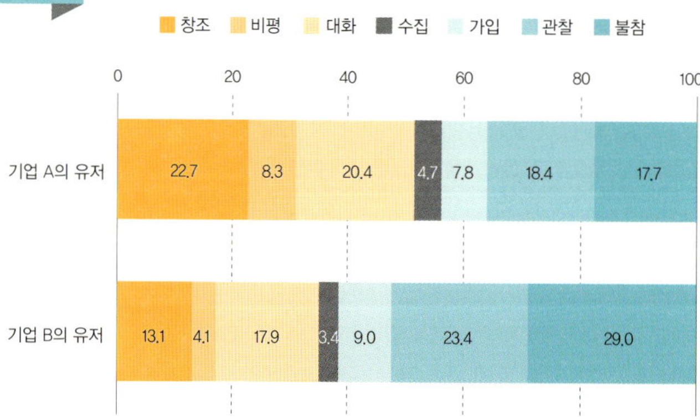

출처 : ADK 생활자통합조사 2011

발신에 적극적인 유저가 많았다. 이를 통해 A사와 B사는 다른 브랜드보다 상품평을 확산하도록 하는 전략을 펼치는 것이 효과적임을 알 수 있다.

A사와 B사의 유저를 비교해 보면 차이가 더욱 선명해진다. '대화'그룹의 비율은 A사와 B사 모두 비슷하나 A사에는 '창조'그룹이 많은 것을 알 수 있다. 이를 통해 A사에서는 블로그에 글을 쓰거나 동영상을 업로드하도록 하는 고도의 정보발신을 요구하는 전략을 전개하기 쉽다고 생각할 수 있을 것이다. 한편 B사에서는 기사나 동영상을 편집하지 않고도 미니 블로그를 통해 공유할 수 있는 쉽고 편리한 전략을 펼쳐야 한다.

유저가 소셜미디어를 어느 정도 활용하고 있는지를 아는 것은 소셜미디어를 포함하는 커뮤니케이션 전략의 검토에서 매우 중요하다. 대부분의 기업이 유저의 연령, 성별, 수입 등의 속성은 파악하고 있지만 소셜미디어 활용의 관점으로 조사하는 기업은 많지 않은 것 같다. 소셜미디어에서 정보 발신력이 높은 유저를 많이 보유하는 기업이라면 소셜미디어를 주축으로 한 프로모션을 실행하지 않을 수는 없을 것이다. 많은 지원자가 있으리라 예상할 수 있고 또한 높은 파급효과를 기대할 수 있을 것이다.

더불어 중요한 포인트로써 온라인에서의 입소문을 바탕으로 오프라인에서의 입소문을 자극하는 것이 있다. 아직까지 대다수의 소비자에게 있어 입소문이란 '오프라인에서의 입소문'을 의미한다. 트위터상에서는 얘기하지 않지만 가족이나 동료와의 일상 대화 속에서 생각보다 많은 사람들이 상품에 대해서 화제로 삼고 있다. 일본인의 트위터 활용률은 그다지 높지는 않으나 온라인에서 화제가 됨으로써 오프라인에서 입소문의 계기가 될 수는 있을 것이다. 온라인에서 오프라인으로의 파급효과를 잘 연출할 수 있다면 오프라인에 존재하는 잠재고객의 '지원자화'로 이어질 수 있을 것이다.

'도로리치 나우' 사례에서 볼 수 있는 캐주얼한 추천

트위터 등의 미니 블로그의 등장은 입소문의 수준에도 영향을 미치고 있다. 기존의 온라인상에서의 입소문은 압도적으로 컴퓨터나 화장품 등 이른바 고관여 상품이 주류였다. 고관여 상품이란 비교 및 검토를 바탕으로 구매하는 상품으로서 고가의 내구성 소비재나 소비자가 확고한 기준과 취향 등을 가지고 구매하는 상품을 말한다. 자동차나 시계와 같은 고가의 상품뿐만 아니라 냉장고, TV, 기초 화장품 및 헤어케어 상품 또는 생명보험 등이 대표적이다. 개인 블로그나 가카쿠닷컴(kakaku.com) 등의 유저 참가형 상품평가 사이트에서는 고관여 상품에 관한 입소문이 압도적으로 많다.

고관여 상품의 입소문은 상품의 기능이나 특성에 관한 내용이 많은 것이 특징이다. 상품에 일가견이 있는 소비자들이 상품을 평가하거나 다른 사람에게 조언을 하는 등의 프로슈머적인 측면이 강하다고 할 수 있다. 예를 들어, 스킨케어 상품의 경우 '이런 상품은 이런 피부에 맞다'와 같은 기본성능에 관한 입소문이 많으며 추천의 영향력이 높은 경향이 있었다.

그러나 트위터 등의 미니 블로그가 보급됨에 따라 과자와 같은 저가 상품과 일상생활에서의 구매빈도가 높은 저관여 상품까지도 입소문이 구매행동에 영향을 미치는 상황이 발생하고 있다. ADK의 조사결과에서는 과자를 구입한 사람이 일상적으로 참고하는 매체로 'TV'나 '매장 진열' 다음으로 '입소문'이 많았다.

저관여 상품의 입소문은 추천이라고 하기엔 캐주얼한 발언이나 코멘트들이 많은 것이 특징이다. 고관여 상품과 같이 상품의 사용방법이나 기본성능에 관한 것보다 '최근 이런 것을 샀다'와 같은 발언을 많이 찾아볼 수 있기 때문이다.

알기 쉬운 예로 구리코 유업의 도로리치를 마신 사람이 트위터에 '도로리치 나우'(*dororich now*)라는 글을 남기는 현상이 2009년 4월경부터 유행하기 시작했다(〈도표 2-7〉). 다음 달에는 누군가가 '도로리치 나우'라고 글을 올리면 '오늘도 도로리치를 마셔주셔서 감사합니다'라는 감사의 댓글이 달리게 되었다. 사실 이 감사 사이트는 일반 소비자가 자체적으로 제작한 사이트로서 구리코 유업(기업)은 전혀 관여하지 않있다. 그후 '도로리치 나우라고 트윗하고 싶어서 도로리치를 샀습니다'라는 글까지 올라오게 되었다. 즉, 트위터에 글을 남기고 싶어 상품을 구입하는 현상이 일어난 것이다.

이런 현상을 보고 구리코 유업은 공헌도가 높은 투고자에게 감사 메일과 샘플을 보냈다고 한다. 트위터 보급 초기단계의 구리코 유업의 이러한 감사표시는 소셜미디어상에서 구리코 유업의 평판형성에 크게 기여했다.

또한 도로리치 웹사이트의 메인 페이지에는 일반 소비자의 코멘트를 표시하는 콘텐츠도 배치되어 있다. 이것도 유저 협동형 커뮤니케이션 전개의 일례라고 할 수 있겠다.

이러한 캐주얼한 추천은 과자와 같은 저관여 상품이기에 탄생할 수

도표 2-7

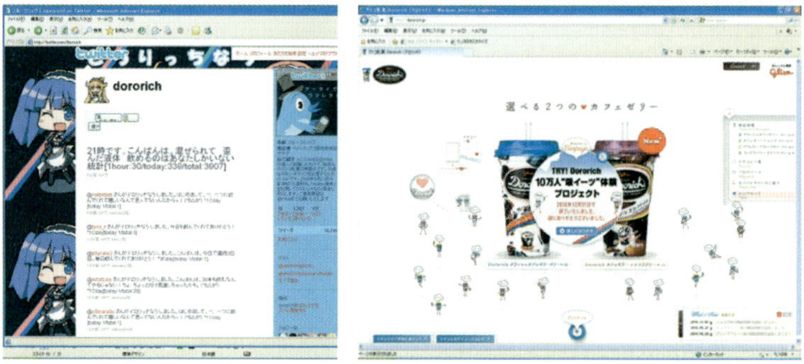

왼쪽 : '도로리치 나우'의 코멘트에 대해 감사를 표하는 소비자가 만든 사이트가 등장
오른쪽 : 상품의 첫 페이지에서는 일반 유저의 입소문을 기재하고 있음

있는 것이라 생각된다. 저관여 상품이므로 '무책임하게, 가볍게' 발언할 수 있는 것이다. '지금 뭐하고 있어?'라는 주제에 대한 이야기가 많은 트위터에서는 '최근에 이런 걸 샀어'와 같이 편의점에서 산 100엔짜리 상품에 대한 이야기가 올라오는 일도 많아졌다. 구매빈도가 높은 상품이나 사용빈도가 높은 상품은 필연적으로 화제가 될 기회도 많아지는 것이다.

앞서 이야기한 것처럼 저관여 상품에 대해 발생하는 캐주얼한 발언은 추천이라고 할 수 없는 수준의 것들이 대부분이다. '도로리치'의 예를 보아도 '도로리치 맛있다'라든지 '도로리치 사주세요'와 같은 코멘트는 아닌 것이다. 어디까지나 '도로리치 나우'라고 쓰여 있을 뿐이다.

그렇지만 '도로리치 나우'라는 글이 많이 올라오면서 자신도 구매해보고 싶어지거나 그 현상에 자신도 참가해보고 싶다는 욕구가 높아질 수 있다. 상품을 직접적으로 추천하지 않아도 이러한 '캐주얼한 추천' 또는 '의도하지 않은 추천'이 결과적으로 화제를 불러일으키고 브랜드에 긍정적인 영향을 미친 것이다.

반면 이러한 고관여 상품의 추천에서 저관여 상품의 추천으로 입소문의 수준이 변화하는 데 가장 큰 영향을 미치는 것이 소비자가 사용하는 정보기기이다. 휴대폰의 보급에 따른 모바일 마케팅의 발전, 나아가 스마트폰과 태블릿 PC의 보급에 따라 일반 가정에서의 정보기기가 컴퓨터에서 스마트폰으로 이동한 것과 관계가 있다. 지금까지도 컴퓨터 유저들은 고관여 상품에 대한 관심이 높아 비교적 차분히 상품을 비교하여 구매를 검토하는 경향이 강하다. 그러나 스마트폰이나 휴대폰 유저는 그 미디어적 특성으로 비교 및 검토에는 별로 비중을 두지 않고 좀더 감각적으로 상품을 고르는 경향이 강하다. 결과적으로 이러한 소비행동에 적합한 저관여 상품의 정보가 범람하게 되는 것이다.

커뮤니케이션은
이자(二者)간 관계에서 '삼각관계'로

가벼운 발언이나 글쓰기에는 호의적인 발언이 있는가 하면 비판적인 발언도 있다. 또는 상품이나 브랜드 특성과 전혀 상관없는 발언이 포함될 수도 있을 것이다. 호의적인 발언이 확산된다면 상품 이미지 상승에도 도움이 될 수 있지만 비판적인 발언이 확산된다면 이미지 하락으로 이어질 수 있다. 그만큼 가상의 공간에서 이루어지는 가벼운 평판은 기업의 입장에서 양날의 칼이라고 할 수 있지만, 입소문은 컨트롤할 수 없으며 컨트롤하려고 하면 반발을 불러일으킨다는 생각 때문에 지금까지는 굳이 의도적으로 관여하지 않는다는 생각이 지배적이었다.

그러나 소셜미디어가 발달된 현대사회에서는 가벼운 추천이나 의도하지 않은 추천도 포함하여 소비자의 정보 발신력을 어떻게 하면 아군으로 만들 것인가가 커뮤니케이션 전략상의 큰 과제가 되고 있다. 정보를 발신하는 소비자, 그 중에서도 자사의 브랜드에 호의적인 인플루엔서를 자사의 '지원자'(서포터)로서 바라보고 어떻게 하면 긍정적인 관계를 구축할 수 있을까에 주력하지 않으면 안 되는 것이다.

이를 위해서는 일반 소비자 중에 존재하는 지원자를 커뮤니케이션 타깃으로 추출하여 지금까지와는 다른 접근방법을 채택할 필요가 있을 것이다. 즉, 기업과 소비자를 직선적 이자(二者)간 관계를 넘어선 기업, 일반 소비자, 지원자의 삼자(三者)간에 의한 관계로 새롭게 바라보는 관점이 필요하다(〈도표 2-8〉).

도표 2-8 커뮤니케이션은 이자(二者)간 관계에서 '삼각관계로'

- 소셜미디어가 발달한 오늘날은 '캐주얼한 추천', '의도하지 않은 추천'을 행하는 정보 발신자를 아군으로 두는 것이 매우 중요하다.
  - ☑ 정보 발신자를 자사의 지원자(서포터)로 생각한다.
- 일반 소비자 속에 존재하는 지원자(서포터)를 추출하여 커뮤니케이션의 흐름을 직선적, 이자(二者)간 관계가 아닌 삼각관계로 생각해야 한다.

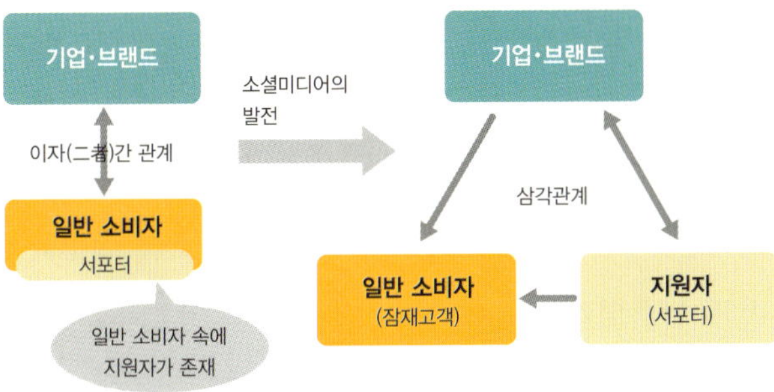

출처 : 이노우에 이치로(2010), '고객접점이 다양화되는 현상에서의 커뮤니케이션 플래닝 수법의 정리 : 실무 현장에서의 시안', 제41회 일본광고학연구학회 전국대회, 보고 요약집 pp.42~45

도표 2-9 삼각관계 커뮤니케이션

- 브랜드를 서비스나 인지를 넘어 자신의 것이라고 생각(*Relevance*)하도록 하기 위한 커뮤니케이션
  - ☑ B to C
- 자사 브랜드에 대해 우호적인 서포터를 육성하거나 지속적인 관계를 구축(*Relationship*)하기 위한 커뮤니케이션
  - ☑ B with S
- 지원자(서포터)에게 일반 소비자 속으로 들어가 추천이나 평판형성(*Reputation*)을 독려하는 커뮤니케이션
  - ☑ S into C

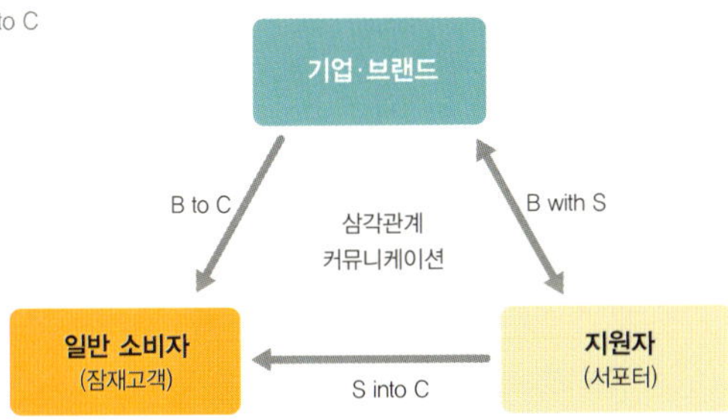

삼각관계 커뮤니케이션

〈도표 2-9〉에서 삼각형의 좌측 변은 기업과 잠재고객인 일반 소비자 간에 이미 존재하던 커뮤니케이션을 가리킨다. 기업에서 일반 소비자에 대해서 기업 자체와 브랜드, 서비스나 상품의 인지나 이해를 향상시키기 위한 행동들이다. 기업의 이러한 행동들에 의해 예를 들면, 그 브랜드의 상품이 다른 사람을 위한 것이 아닌 자기 자신만을 위한 상품인 것처럼 생각하게 된다. 즉, Relevance(브랜드의 자기것화)가 시작되는 것이다. 종래의 B to C 커뮤니케이션이 여기에 해당한다.

이에 비해 삼각형의 우측 변은 기업과 지원자 간의 커뮤니케이션이다. 대표적으로는 회원등록과 같은 기업과 소비자와의 지속적인 관계구축(*Relationship*)이 목적이 된다. 때문에 B to C와 같이 일방적이고 순간적인 커뮤니케이션이 아닌 쌍방향이며 지속적인 커뮤니케이션이 필요하다. TV광고 등이 아닌 자사 사이트와 같은 플랫폼이 필요해지는 것이다. Business to Consumer(B to C)에 반해 여기서는 Business with Supporter(B with S)의 커뮤니케이션이라고도 할 수 있다.

그리고 삼각형의 밑변은 지원자와 일반 소비자 사이의 커뮤니케이션을 의미한다. 지원자가 자연스럽게 일반 소비자에게 자신의 의견으로써 기업의 브랜드 등의 추천이나 평판형성을 주도하는 것(*Reputation*)이 이상적이다. 이른바 Supporter into Consumer(S into C)의 커뮤니케이션이다. 지원자에 대해서 돈이나 그에 준하는 대가를 지불하는 등으로 본인의 의사와는 다르게 제3자에게 추천을 강요하는 것과 같은 방법을 취해서는 안 된다. 평판은 어디까지나 결과여야 하는 것이다.

또한 여기서 주의해야 할 것이 좌측 변에서도 평판은 발생할 수 있으며 경우에 따라서는 관계가 맺어지기도 한다는 것이다. 또한 우측 변에서도 관계를 통해 자기것화가 유발될 수 있다. 어디까지나 기업이 어디에 중점을 두고 움직이느냐를 나타낸 도표라고 이해해 주었으면 한다.

삼각관계 커뮤니케이션과 간접적 어프로치

삼각관계 커뮤니케이션은 소비자에 대한 간접적 어프로치의 개념을 내포한다. 누마가미[沼上, 2000]는 간접적 어프로치에 관해 경영학 분야에서의 연구를 전개하고 있다. 예를 들면, 타이어 제조사인 미쉘린이 운전자에게 매력적인 가이드북을 발매하여 소비자의 운전거리를 늘린 결과, 타이어의 마찰이 촉진되어 매출확대로 연결되었다는 사례를 소개하고 있다. 상품의 매력을 직접 소구하는 '직접경영전략'에 대해 이 미쉘린의 사례와 같이 의도하지 않은 소비를 하도록 유도하는 전략을 '간접경영전략'이라고 하였다. 또한 간접경영전략에서는 목적 달성을 위해 필요한 모든 비용을 자사에서 직접 부담할 필요가 없기 때문에 경영전략론이나 마케팅 조직론 교과서에서 '야무진 전략', '세련된 전략'으로 소개되는 사례 중에는 이러한 간접적 어프로치를 이용한 것이 많이 보인다.

삼각관계 커뮤니케이션에서 S into C 커뮤니케이션이 기업과 소비자와의 관계성의 '결과로서 발생한다'는 것은 앞에서 설명했던 대로이다. 그리고 B with S 커뮤니케이션은 종래의 B to C 커뮤니케이션과 비교하여 일반적으로 비용이 적게 드는 경우가 많다. 그런 의미로 삼각관계 커뮤니케이션에서 우측 변(B with S)에서 밑변(S into C)을 지나 일반 소비자에 다다르는 이른바 자주(自走)적 커뮤니케이션은 직접적인 컨트롤은 어렵지만 종래의 B to C 커뮤니케이션을 보완할 수 있는 유효성을 기대할 수 있을 것이다. 특히 커머디티화가 진화하여 종래의 B to C 커뮤니케이션에 의해 일반 소비자에게 영향을 미치기가 어려워지는 시장이라면 이러한 간접적인 어프로치의 중요성은 더욱 높아질 것이라 생각할 수 있다.

또한 하가[芳賀, 2011]는 누마가미(2000)의 경영학적 연구를 바탕으로 해서 마케팅 전략에서의 간접적 어프로치에는 다양한 타입이 존재하는 것을 지적하고 소비자를 향한 어프로치의 주체와 어프로치 내용을 척도로 세 가지 타입의 간접적 어프로치를 구별하였다. 하가의 어프로치와 삼각관계 커뮤니케이션과의 대응관계를 〈도표 2-10〉에 정리하였다.

직접적 어프로치

커뮤니케이션의 주체가 자사이며 커뮤니케이션의 내용은 브랜드 관련 정보이다. 전형적인 B to C 커뮤니케이션이며 삼각관계 커뮤니케이션의 좌측 변에 해당한다.

도표 2-10

정보발신의 주체		메시지의 내용	
		브랜드 관련 정보(직접표현)	**브랜드 비관련 정보**(간접표현)
	자사 (로부터의 정보발신)	직접적 어프로치 ☑ 제품 차별화 ☑ 제품광고 ☑ SP	간접적 어프로치 ① '소비자의 인지 매커니즘의 이용' ☑ 탤런트 광고 ☑ 기업광고 ☑ 2차적 연상
	정보 발신의 주체 (삼각관계 커뮤니케이션과의 대응)	삼각관계 커뮤니케이션의 좌측 경사변에 대응 ☑ 잠재고객을 위한 자기것화를 목적으로 하는 B to C 커뮤니케이션	삼각관계 커뮤니케이션의 좌우 경사변에 대응 ☑ 잠재고객을 위한 자기것화를 목적으로 하는 B to C 커뮤니케이션 ☑ 잠재 지원자를 위한 관계구축을 목적으로 하는 B with S의 커뮤니케이션
	정보 발신의 주체 타인 (제3자로부터의 정보발신)	간접적 어프로치 ② '과업환경의 이용' ☑ 입소문 ☑ 유통업자의 추천 ☑ 상품 퍼플리시티	간접적 어프로치 ③ '소비자와 사회의 상호작용의 이용' ☑ 매스컴의 기업정보 ☑ '지인 · 친척'관계
	정보 발신의 주체 (삼각관계 커뮤니케이션과의 대응)	삼각관계 커뮤니케이션의 저변에 대응 ☑ 제3자가 서포터가 되어 일반 잠재고객 속으로 들어가 추천이나 평판형성을 하는 S into C 커뮤니케이션	좌동

주 : 하가(2011) 〈그림 7〉을 일부 가필 수정

간접적 어프로치 ①—소비자의 인지 메커니즘의 이용

커뮤니케이션의 주체는 자사이나 정보내용은 간접적이며 브랜드와 관련성이 없는 정보이다. 하가는 탤런트의 이미지를 상품에 중첩시키는 이미지 광고나 기업광고, 혹은 2차적 연상을 예로 제시하였다. 삼각관계 커뮤니케이션에서는 브랜드 관여도를 높이는 등 소비자의 심리적인 태도변화가 커뮤니케이션의 주목적이 될 경우 좌측 변의 B to C 커뮤니케이션에 대응하며, 커뮤니케이션 목적이 회원등록 등 소비자와의 관계구축이 주요 목적일 경우에는 우측 변의 B with S 커뮤니케이션에 대응한다.

또한 하가는 소비자의 광고에 대한 태도가 자연스럽게 브랜드에 대한 태도로 이전되는 인간의 단순한 생물학적 학습 메커니즘을 이용하고 있으며 이것을 '소비자의 인지 메커니즘의 이용'이라고 이름 붙였다.

간접적 어프로치 ②—과업환경의 이용

정보발신의 주체가 제3자이며 메시지의 내용은 브랜드에 관련된 정보이다. 유통업자에 의한 브랜드 추천, 매스미디어에 의한 브랜드의 PR, 소비자에 의한 브랜드 추천(입소문) 등 삼각관계 커뮤니케이션에서는 밑변의 S into C 커뮤니케이션에 해당하는 것이다.

또한 하가는 자사의 표적고객의 브랜드 구매에 영향을 미치는 타인(표적고객, 일반 소비자, 유통업자, 매스미디어 등)이 과업환경이라고 할 수 있고 또는 이해관계자(*stakeholder*)를 구성하는 주체이므로 이러한 타인을 이용하는 어프로치를 '과업환경의 이용'이라고 하였다.

간접적 어프로치 ③—소비자와 사회의 상호작용의 이용

하가는 매스컴에서 기업이나 직원에 대해 다룸으로써 해당기업에 대해 호의적인 태도를 형성하거나 친구, 지인, 친척 등이 종사한다는 이유로 해당기업에 호의적인 태도를 갖고 있는 경우가 있으며 그것이 결과적으로 브랜드 선택의 기준이 되는 경우가 있다고 지적하였다. 이렇듯 정보발신의 주체가 제3자이면서 정보내용은 간접적인 브랜드 비관련 정보인 '기타 × 기타'인 상황을 '소비자와 사회의 상호이용'이라고 이름 붙이고 간접적 어프로치의 한 방법으로써 분류하였다. 삼각관계 커뮤니케이션에서는 밑변의 S into C 커뮤니케이션에 해당한다.

앞서 소개한 '도로리치 나우'의 경우 정보발신은 일반 소비자(제3자)이며 정보발신의 목적은 브랜드를 추천하는 것이 아니라 트위터상에서 '도로리치 나우'라고 발언하는 것(간접적인 브랜드 비관련 정보)이었다. 따라서 '도로리치 나우'의 경우에는 '소비자와 사회의 상호작용'으로 분류할 수 있을 것이다.

칼 럼

기업에 의한 잠재 지원자(서포터) 만들기

코카콜라 파크

지원자와의 관계구축, 즉 B with S 커뮤니케이션을 성공시킨 사례로 일본 코카콜라가 운영하는 회원제 포털사이트 '코카콜라 파크'가 있다. 코카콜라 파크는 각 브랜드의 캠페인 정보뿐만 아니라 일반 뉴스나 기상정보 등을 게재한 회원제 포털사이트이다.

각 브랜드와 관련 있는 게임을 하면서 감상평을 남기는 등의 인터렉티브한 콘텐츠로 회원수를 점차 늘려나가 2011년 4월 현재 회원수는 약 천만 명, 월간 페이지뷰는 약 5억을 기록하는 인기 사이트로 성장하고 있다. 그 중에서도 사이트 안에서 제공하는 온라인 게임인 빙고게임은 인기를 얻고 있으며 '세계에서 가장 참가자가 많은 온라인 게임'이라는 기네스 세계기록을 인정받았다.

또한 코카콜라 파크에 방문한 회원이 이 사이트에서 얻은 정보나 체험담을 개인 블로그 등에 남기는 경우도 많다. 예를 들면, 이 사이트에 게재된 코카콜라의 브랜드 캐릭터인 Qoo를 사용한 캐릭터 도시락의 레시피를 한 회원이 실제로 만들고 사진을 찍어 블로그에 게재한 사례도 있었다. 블로그에서는 직접적으로 Qoo를 추천하는 것은 아니나 지원자로부터 일반 소비자에게 '의도하지 않은 추천'이 이루어지고 있으며 결과적으로 Qoo에 대한 친근감을 형성하는 데 도움이 되고 있다.

원래부터 코카콜라는 로열티가 높은 팬을 가진 브랜드로 알려져 있으나 자사 사이트의 운영을 통해 소비자와의 접점을 갖게 되면서 지원자와 직접 컨택할 수 있게 된 것은 앞으로 코카콜라의 큰 자산이 될 것이 틀림없다.

칼 럼

SNS를 활용하여 일반 소비자와 관계 만들기

무인양품[無印良品]

양품계획이 전개하는 무인양품에서는 'MUJI 3.0'이라는 콘셉트로 새로운 관계구축형 커뮤니케이션을 시작했다. 자사의 회원가입 사이트 등의 자산과 트위터, 페이스북 등의 소셜미디어를 융합하여 개방된 커뮤니케이션 플랫폼을 구축한 점이 큰 특징이다(〈도표 2-11〉).

무인양품의 오쿠타니 타카시 웹 사업부장에 의하면 커뮤니케이션의 중심을 오픈형으로 옮겨가기로 한 배경에는 '무인양품의 중심고객뿐만 아니라 일반 소비자와도 관계를 구축'하기 위해서라고 한다.

지금까지 무인양품에서는 자사 사이트인 '생활의 양품연구소'나 소비자가 상품개발이나 개량을 제안하는 사이트인 '공상생활'과 TIE-UP한 '공상무인'(空想無印)을 통해서 고객과 협동하여 물건을 만듦으로써 관계구축을 위해 노력해왔다. 예를 들면, 공상무인에서는 소비자로부터 상품개발의 아이디어를 모집하고 그 아이디어의 상품화를 희망하는 투표수가 천 명을 넘으면 상품화하였다. 그 결과 진행기간 중, 2개의 상품화가 실현되었다(공상무인은 종료되었으며, 현재는 생활의 양품계획연구소에 집약).

이러한 집행방법은 아이디어를 응모하거나 간편하게 투표에 참가하는 것만으로도 누구나 가치창조자가 될 수 있기 때문에 지원자를 육성하기 알맞다. 참가자의 의견이나 투표가 실제 상품화로 이어진다면 참가자의 무인양품에 대한 로열티도 높아질 수 있다.

도표 2-11

콘셉트	MUJI 0.3 *종래의 'MUJINET'의 반성으로부터 'MUJI 0.3'을 채택	MUJI 3.0
형태	(B) to C	(B) with C *이 책의 B with C와 동일
언제	사이트 갱신시	언제나
어디서	자사 사이트(PC)	자사 사이트+소셜미디어
누구와	무인양품의 멤버	무인양품의 팬
무엇을	테마(관심사) 칼럼(테마에 대한 평가) 상품서비스	테마(관심사) 칼럼(테마에 대한 평가) 상품서비스
어떻게	Closed	Open

주 : 무인양품의 창구는 종래의 'MUJINET'을 'MUJINET0.3', 새로운 'MUJINET'을 'MUJINET3.0'으로 설정하여 대비된 패널을 나타내고 있음(위의 도표가 그 패널의 내용)

그러나 상품개발에는 시간이 걸리며 자사 사이트에는 회원 등 무인양품의 중심 고객인 팬 위주로 방문한다는 문제점도 있었다. 이를 해결하기 위해 관계를 구축하는 프레임을 상품개발에서 커뮤니케이션 영역으로 넓히고 나아가 대상을 회원이나 팬뿐만 아니라 일반 소비자까지 확대한 커뮤니케이션 플랫폼을 만들게 된 것이다.

MUJI 3.0의 콘셉트를 바탕으로 현재는 생활의 양품연구소의 사이트가 중심이 되어 페이스북상에 무인양품의 페이스북 페이지를 설치하고 내용을 링크시키고 있다. 오쿠타니 씨는 페이스북상에서도 자사 사이트와 연동된 콘텐츠를 제공함으로써 자사 미디어에 방문한 적이 없는 고객들에게도 무인양품의 세계관을 경험해 볼 수 있는 기회를 제공한다고 설명했다. 페이스북이라는 소셜미디어를 활용함으로써 자사 사이트에서 구축한 B with S의 관계를 일반 소비자가 가시화할 수 있도록 하여 S into C의 커뮤니케이션을 실현하는 것이다.

범용도가 높은 무인양품과 같은 브랜드는 '구매 후에도 고객과의 관계를 유지하는 것이 브랜드의 가치'라고 오쿠타니 씨는 말한다. 이미 상품을 구매한 고객뿐만 아니라 아직 상품을 구매하지 않는 사람과의 관계나 평가를 확산시키는 공간으로써도 소셜미디어를 활용한 MUJI3.0은 효과적으로 기능하고 있다고 할 수 있다.

STEP

3

브랜드를 체험할 수 있는 모든 고객접점이 미디어이다

광고 미디어만이 미디어는 아니다

3개의 미디어

모든 체험접점에 트리플미디어의 관점은 필요하다

확대되는 미디어의 개념

삼각관계 커뮤니케이션과 미디어의 관계

다양한 조합과 연동도 반드시 검토할 것

[칼럼] 트리플미디어의 파생적 분류

효과적인 체험접점의 발견과 매니지먼트

4개의 심리 스테이지와 체험접점

효과적인 스테이지와 체험접점 좁혀가기

타깃 속성을 고려하기

광고 미디어만이 미디어는 아니다

최근 많은 소비자들은 소비자와 브랜드를 잇는 다양한 미디어가 존재하는 속에서도 자신이 필요한 정보를 정보의 주체나 환경에 맞춰 똑똑하게 선택하고 있다.

광고업계에서는 미디어라고 하면 가장 먼저 광고 미디어를 떠올리기 쉬우나 실제로는 구매에 영향을 미치는 모든 고객접점이 미디어로서의 기능을 가지고 있다. 기업의 웹사이트나 점포의 POP광고 등 프로모션 관련 미디어는 물론이며 본래 마케팅 4P[1]에서는 프로모션이 아닌 제품(*Product*)에 해당하는 '상품 패키지', 앞 장에서도 설명했듯 마케팅의 타깃인 '소비자 자신'도 상품의 정보를 전달하는 미디어로서의 기능을 하고 있다.

또한 유통업의 경우는 판매원이 어떤 서비스를 제공하느냐에 따라 매장에 대한 이미지가 달라질 수 있다.

소비자 입장에서 취급상품이 많아지는 것은 좋은 일이지만 한편으로는 어떤 상품을 골라야 할지 고민스러워지는 부분도 있기 때문이다. 이럴 때 전문성이 높은 판매원의 조언은 큰 도움이 된다. 매년 고객만족도 조사에서 높은 평가를 얻는 '도큐핸즈'(Tokyu Hands)는 취급상품의 다양성과 함께 전문성이 높은 스태프들이 일하는 것으로 정평이 나 있다. 도큐핸즈는 2009년 시부야점을 리뉴얼하며 스태프들을 '힌트 스태프'라고 이름 붙임과 동시에 쇼핑에 대한 컨설팅서비스를 강

1 4P는 마케팅 믹스를 구성하는 툴로서 제품(*Product*), 가격(*Price*), 유통(*Place*), 프로모션(*Promotion*)을 지칭한다.

화하였다.[2] '힌트 스태프'는 도큐핸즈에서 고객만족을 높이기 위한 고객접점이며 중요한 미디어라고 할 수 있을 것이다. 마찬가지로 도쿄디즈니랜드의 고객만족도가 높은 것도 높은 엔터테인먼트성을 발휘하는 스태프가 존재하기 때문이라고 할 수 있다. 도쿄디즈니랜드에서는 스태프를 '캐스트'[3] 라고 부르며, 캐스트 역시 도쿄디즈니랜드의 중요한 미디어로 인식하고 있다. 또한 기업이 우량고객을 관리하기 위한 목적으로 운영하는 회원조직 역시 고객접점이며, 즉 미디어라고 할 수 있다.

ADK에서는 위와 같이 광고 미디어뿐만 아니라 상품 패키지나 상품정보를 화제 삼는 소비자도 포함한 모든 고객접점을 브랜드를 체험할 수 있는 미디어라고 정의하고, '체험접점'이라고 부르고 있다.

2 도큐핸즈는 2009년 6월 10일 "여기는 힌트 마켓, 6월 25일 도큐핸즈 시부야점이 새롭게 탄생합니다"라는 프레스 릴리스를 통해 "매장 직원을 힌트 스태프로 정립하면서 손님들의 쇼핑에 대한 컨설팅 서비스를 강화"했다고 발표했다. 그리고 구인정보 사이트인 '리쿠나비 2011'에서는 도큐핸즈 사원에 의한 '나의 업무'라는 코너에서 " 우리들 도큐핸즈 스태프는 힌트 스태프로서 고객의 생활이 좀더 즐거워질 수 있도록 힌트를 제공하는 존재를 지향하고 있습니다"라고 기술하고 있다.

3 도쿄디즈니랜드 캐스팅센터에는 다음과 같이 기술되어 있다. "도쿄디즈니랜드리조트는 푸른 하늘을 배경으로 하는 거대한 무대이다. 여기서는 보는 모든 것이 쇼이고 여기에 오는 손님은 쇼에 참가하는 게스트이다. 게스트를 맞이하는 스태프는 캐스트(배우)라고 불린다. (중략) 어트랙션도 아니고 엔터테인먼트도 아닌 게스트의 꿈을 실현시키는 것이 가능한 것은 사람의 힘. 우리들 캐스트는 '세계에서 가장 멋있는 장소'를 꿈꾸며 방문하는 게스트들에게 마법을 거는 중요한 존재인 것이다"(발췌).

3개의 미디어

2009년 5월, 팀 레베레히트(Tim Leberecht)는 미국의 IT와 비즈니스 정보의 미디어사이트 cnet에 다음과 같은 리포트를 발표하여 화제가 되었다. 앞으로는 '유료 미디어'(*Paid Media*)뿐만 아니라 '자사 미디어'(*Owned Media*)와 '언드 미디어'(*Earned Media*)가 더욱 중요해질 것이라는 내용이다.[4]

이 3개의 미디어를 더 자세히 설명하자면 유료 미디어는 '기업이 비용을 지불하는 미디어'이며, 자사 미디어는 앞서 설명한 것처럼 '기업이 소유하는 미디어', 그리고 언드 미디어는 '기업이 평판을 획득하는 미디어'[5]라고 할 수 있다. 미국의 시장조사업체인 포레스트 리서치는 자사의 블로그에서 위의 3개의 미디어를 다음과 같이 정의하였다.

유료 미디어(*Paid Media*)

유료 미디어란 기업이나 브랜드가 대가를 지불하고 이용하는 채널(*Channel*, 전달경로 및 수단)을 말한다. 디스플레이 광고, 검색 연동 광고나 스폰서십 등이 대표적인 예이다. 아래 설명할 자사 미디어로 유도하거나 무료 미디어를 생성하기도 한다. 규모나 시기를 컨트롤할 수 있으며 실행 즉시 효과를 볼 수 있다는 장점이 있으나 경쟁정보가 많고 반응률이 저하되는 경향이 있으며 소비자의 입장에서 상업성이 짙

4 Tim Leberecht는 2009년 5월 미국 cnet에 "Multimedia 2.0: From Paid Media to Earned Media to Owned and Back"이라는 보고서를 기고하고 3개 미디어의 개념에 대해서 소개하였다.

5 earned는 신용, 평가를 얻는다, 획득한다, 명성, 악평을 불러일으킨다 등의 의미가 있다.

어 신뢰도가 낮다는 점 등이 해결과제라고 할 수 있다.

자사 미디어(*Owned Media*)

자사 미디어란 기업이나 브랜드가 컨트롤하는 채널을 말한다. 자사의 웹사이트와 모바일사이트, 블로그나 페이스북, 트위터 등의 소셜미디어 속에 설치되어 있는 기업의 계정도 포함된다. 이러한 자사 미디어의 역할에는 잠재력이 높은 고객과 장기적인 관계구축 등이 있다. 장점으로는 컨트롤이 가능하며 적은 비용으로 운영이 가능하다는 점이 있으며 반면 기업이 발신하는 정보이므로 소비자의 입장에서 신뢰도가 낮고 미디어로써 성장하는 데 시간이 걸린다는 점이 해결과제이다.

언드 미디어(*Earned Media*)

언드 미디어란 채널의 역할을 하는 소비자 자체를 말한다. 예를 들면, WOM(*word of mouth*, 입소문), Buzz, Viral 등이 있으며 소비자의 의견이 반영되는 상품 비교 사이트, 블로그, 트위터처럼 소셜미디어의 발전에 의해 진화하였다.[6] 언드 미디어는 기업에서 소비자의 의견을 경청하고 적절하게 대응해야 할 대상이며 유료 미디어와 자사 미디어의 결과로써 파생되는 것으로 생각할 수 있다.

3개의 미디어 중 가장 신뢰도가 높고 구매 영향력도 높다. 그 반면

6 포레스트 리서치에 의하면 Earned Media는 When Customer Become the Channel(소비자가 채널[전달경로, 수단]이 되는 경우)이라고 기술되어 있다. 그리고 예로서는, WOM, Buzz, Viral만이 소개되어 있지만 소셜미디어의 발전으로 진화되고 있다고 기술되어 있어 필자가 몇 가지를 추가하였다.

컨트롤할 수 없으며 부정적인 영향을 미칠 가능성도 있다. 규모를 추산할 수 없으며 효과측정도 어렵다는 특징이 있다.

참고로 일본에서는 2009년 9월에 일본광고주협회 웹광고연구회가 개최한 '제20회 WAB포럼'에서 와타나베 하루키[渡辺春樹] 씨는 앞으로의 트렌드를 대변하는 키워드로써 트리플미디어, 트리플스크린을 소개하였다.[7] 또한 그다음 해인 2010년에는《트리플미디어 마케팅》(横山隆治 지음)이 출판되었다. 그 이후 일본에서도 트리플미디어를 테마로 한 기사가 게재되거나 세미나가 개최되는 등 일본의 마케팅 커뮤니케이션 업계에도 트리플미디어라는 개념이 널리 알려지게 되었다.

모든 체험접점에 트리플미디어의 관점은 필요하다

트리플미디어의 개념이 소개될 당시 레베레히트나 포레스트 리서치사가 정의한 유료 미디어, 자사 미디어, 언드 미디어는 온라인 미디어에 국한된 분류체계였다.

그러나 실제로는 트리플미디어의 관점은 온라인 미디어뿐만 아니라 모든 브랜드 체험접점에 대입하여 생각해 볼 수 있다.

예를 들어, 맥주 구매자의 구매시의 참고매체를 조사한 결과(〈도표 3-1〉), 'TV광고'와 '매장 진열'이 가장 많이 참고되고 있었다. 이 결과

7 이 포럼의 내용에 대해서는 나카무라 유스케(中村勇介, 2009), "제20회 WAB포럼리포트,"〈닛케이네트마케팅〉(닛케이PB사, 2009.9.30호)에도 소개되어 있다. 와타나베 하루키[渡辺春樹] 씨는 포럼 당시 혼다기연공업 마케팅 전략 블럭 주간이었으며, 현재는 비비트광보선전부장.

도표 3-1

맥주의 구매에 영향을 미치는 일상의 체험접점

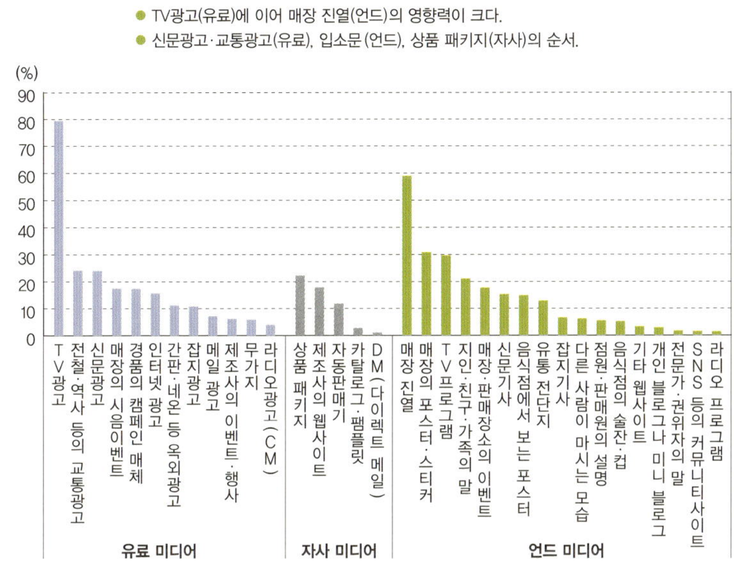

출처 : ADK 체험접점(EXPM) 조사 2010년 6월 n709

를 트리플미디어의 관점으로 정리하면 'TV광고(매체)'는 유료 미디어다. '매장 진열'은 해당 매장이 고객의 요구, 판매량 등에 따라 자발적으로 물건의 종류나 진열위치 등을 컨트롤한다고 생각한다면 언드 미디어라고 할 수 있으며 반대로 직영점 등 기업의 컨트롤하에 운영된다면 자사 미디어라고 할 수도 있을 것이다.

과거의 광고 캠페인에서는 매장 방문 유도가 최종목표로 설정되는 경우도 많았다. 그러나 매장에서의 경쟁이 과열되는 지금 상황에서는 매장에서 얼마나 긍정적인 커뮤니케이션 환경을 조성하느냐가 큰 과제가 되었다. 따라서 매장 자체도 매우 중요한 미디어(체험접점)인 것이다.

여기서 다시 한번 맥주의 체험접점을 트리플미디어에 따라 정리하면 유료 미디어에는 'TV광고' 이외에도 '신문광고', '교통광고', '인터넷 광고' 등이 포함된다.

자사 미디어에는 참고비중이 높은 체험접점으로 '자사의 웹사이트'나 '상품 패키지' 등이 있으며 이외에도 '시식판매나 매장 이벤트', '(자사의) 자동판매기', 'DM' 등 기업이 컨트롤하는 체험접점이 포함된다.

언드 미디어에는 '매장 진열' 이외에 '친구나 지인(에 의한 입소문)'의 비중이 높았으며 '개인 블로그', 'SNS'는 물론 제3자라고 할 수 있는 'TV 프로그램', '잡지기사' 등의 매스미디어나 유통매장에서의 '자발적'인 대량진열, 'POP광고', '포스터' 또는 '광고 전단지' 등도 이에 포함된다.

즉, 언드 미디어란 소비자, 기자나 전문가, 유통업자가 제3자의 입장에서 해당 브랜드를 평가함으로써 파생되는 미디어라고 할 수 있다. 또는 유료 미디어나 자사 미디어, 상품의 사용체험 등에 의해 소비자가 감동하거나 마음이 움직인 결과 탄생하는 미디어이다.

초기 트리플미디어는 온라인 미디어에 국한된 분류라고 설명하였으나 온라인 미디어였기 때문에 자사 미디어가 소비자와 쌍방향 커뮤니케이션이 가능하게 되었고 언드 미디어 역시 소셜미디어의 발전과 함께 극적으로 그 가치를 높여왔다고 할 수 있다.

그러나 앞서 설명한 맥주의 예에서도 알 수 있는 것처럼 온라인 미디어뿐만 아니라 모든 브랜드의 체험접점을 고려하는 것은 큰 의미가 있다. 예를 들면, 판매원이나 상품 패키지 등 전통적인 미디어 플랜에서 제외되었던 브랜드 체험접점까지도 자연스럽게 통합할 수 있게 되기 때문이다. 트리플미디어의 대상을 모든 브랜드의 체험접점으로 확대시키는 것은 통합형 마케팅 커뮤니케이션을 완성하기 위한 필요조건이다. 그리고 모든 체험접점을 포함한 트리플미디어를 정리한 것이 〈도표 3-2〉이다.

확대되는 미디어의 개념

'트리플'이란 본래 '삼중'이라는 의미이며 같은 것을 3번 반복하는 경우에 사용된다. 세 가지의 미디어를 지칭하는 용어로써 트리플미디어를 사용하는 것이 부적절하다는 지적도 있으나 실무에서는 유료 미디어, 자사 미디어, 언드 미디어를 총칭하는 용어로써 트리플미디어가 널리 사용되고 있다.[8]

실제로 일본에서는 앞서 설명한 세미나나 서적 이외에도 마케팅 관련 잡지나 세미나 등에서 '트리플미디어'라는 용어가 널리 사용되고 있다.

또한 트리플미디어에는 미디어라고 불리지만 미디어가 아닌 것들도 포함되어 있다는 지적도 있다. 물론 미디어를 종래의 광고매체의 의미로 바라본다면 그 의견이 맞다. 그러나 앞서 설명한 것처럼 트리플미디어에서 미디어의 개념은 브랜드를 체험할 수 있

8 "트리플미디어 시대의 커뮤니케이션," 〈독자 애드 리포트 ojo〉, 2011년 2, 3월호, 요미우리신문사; "실전 트리플미디어 마케팅 소셜미디어와 자사 미디어," 〈월간 판촉회의〉 2011년 4월호; "트리플미디어 시대의 PR 비즈니스의 행방," 선전회의 주최, 2010년 4월 개최; "트리플미디어 시대의 커뮤니케이션 연구회," 일본 마케팅협회 주최, 2010년 11월~2011년 4월.

도표 3-2 **모든 체험접점을 내포한 트리플미디어의 정의**

종류	유료(*Paid*) 미디어		자사(*Owned*) 미디어		언드(*Earned*) 미디어	
정의	기업이나 브랜드가 대가를 지불하여 이용하는 체험접점		기업이나 브랜드가 컨트롤하는 체험접점		기업이나 브랜드에 대한 평판을 획득하는 체험접점	
주요 역할	브랜드의 인지 확대나 유지. 자사 미디어로 유도하거나 언드 미디어를 생성하는 것		기존고객이나 잠재고객과의 지속적인 관계를 구축하는 것. 기업이나 브랜드 정보의 허브가 되는 것		제3자의 평가결과, 브랜드의 평판이나 평가를 전달하는 것	
분류	온라인	온라인 외 모두	온라인	온라인 외 모두	온라인	온라인 외 모두
예	• 디스플레이 광고 • 검색 연동형 광고 • 타이업 등	• 매스광고, 교통광고 등 • 스폰서십 • 샘플링	• 웹사이트나 블로그 • 모바일 사이트 • 트위터 등의 계정 • 메일매거진	• 쇼룸, 이벤트 • 상품 패키지 • 회원조직 • 고객상담실, 자사 사원	• 뉴스 사이트의 기사 • 게시판에 투고 • 소비자의 블로그 • 전문가의 평가	• 매스컴 보도 • 유저의 입소문 • 판매원의 자주적인 추천
장점	규모와 시기를 컨트롤할 수 있다. 즉효성도 높음.		컨트롤할 수 있다.		가장 신뢰할 수 있다. 세일즈에 강한 영향을 미친다.	
단점	경합정보가 많다. 반응률이 저하 경향		기업이 발신하는 정보는 신뢰받기 어렵다. 자사 사이트는 성장에 시간이 걸린다.		컨트롤할 수 없어 부정적으로 될 수도 있다. 규모도 추구할 수 없다.	

출처 : 요코야마(2010), 《트리플미디어 마케팅》, p.26의 포레스터 리서치사의 이노우에[井上], 오타[太馱]에 의한 개정 그림을 수

트리플미디어의 특징 정리

종류	유료(*Paid*) 미디어	자사(*Owned*) 미디어	언드(*Earned*) 미디어
컨트롤	○ 필요한 만큼 조달가능	◎ 표현의 자유도는 존재	X 평가의 결과 부정적이 될 수도 있음
즉효성	◎ 즉효성이 높음	△ 자사 사이트는 성장에 시간이 걸림	△ 화제성이 있는 만큼 즉효성도 높은
신뢰성	△ 자사 정보는 신뢰성이 낮은 매체 의 신뢰성에 좌우	△ 기업의 신뢰성에 의존	◎ 가장 신뢰받음 세일즈에 강한 영향
비용	X 요금을 지불하여 조달	△ 레벨에 따라 높고 낮음	◎ 직접비용은 무료

는 모든 고객접점을 포함하는 것이다. 회원조직이나 소비자간에 교류가 가능한 SNS은 미디어라기보다는 플랫폼이라고 하는 것이 더 적절할 수 있으나 이러한 플랫폼도 트리플미디어의 개념에 내포되어 있다.

그리고 미디어와의 관계성에 의해 트리플미디어의 분류가 달라지는 경우도 있다. 예를 들면, '야후'라는 미디어에 어떤 신상품의 발매정보가 게재된 경우 그것이 야후의 자발적인 기사인 경우에는 언드 미디어이지만 돈을 지불하고 기사를 작성해 주었을 경우에는 유료 미디어로 분류된다. 즉, 트리플미디어의 개념은 미디어와 브랜드 간의 거래관계까지도 내포하고 있다고 할 수 있다.

포레스트 리서치가 트리플미디어를 설명했을 당시 유료 미디어, 자사 미디어, 언드 미디어라는 명칭을 사용하면서도 각 미디어를 정의할 때에는 '미디어'(*media*)가 아닌 '채널'(*channel*, 전달경로 및 수단)이라는 용어를 사용하였다. 이것은 미디어의 개념 확장에 원인이 있다고 볼 수 있겠다.

삼각관계 커뮤니케이션과 미디어의 관계

제2장에서 설명한 삼각관계 커뮤니케이션을 트리플미디어에 적용시키면 어떤 결과가 나올지 정리해 보고자 한다(〈도표 3-3〉).

B to C 커뮤니케이션에서 기능하는 미디어

소비자에게 브랜드나 서비스에 대한 인지, 이해, 확신 등 자기것화를

도표 3-3 삼각관계 커뮤니케이션과 미디어의 관계

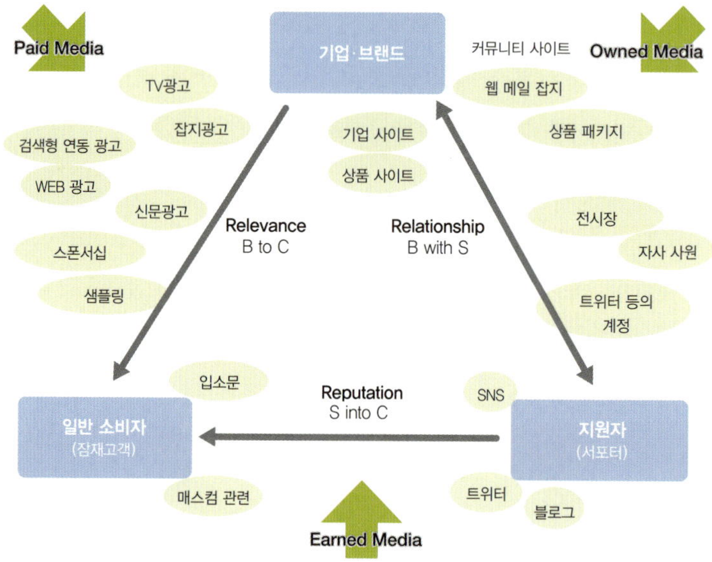

유도하기 위한 B to C 커뮤니케이션에서는 정보의 전달시기, 지역, 규모를 컨트롤할 수 있으며 집행 즉시 효과가 있는 유료 미디어를 사용하는 것이 효과적이다. 특히 신제품의 경우 필요한 시기나 지역에 필요한 만큼의 브랜드 특징이나 세계관을 전하거나 자사 미디어로 유도하거나 평판을 생성하려고 할 때 TV광고나 신문광고, 잡지광고, 온라인 광고 등으로 대표되는 유료 미디어의 역할은 매우 크다.

예를 들면, 시세이도의 헤어케어 브랜드인 TSUBAKI는 2006년 3월 20일 첫 발매되었다. 시세이도는 TSUBAKI의 캠페인에 약 50억 엔을 투입하고 광고음악으로는 타깃층 사이에서 절대적인 인기를 얻고 있는 SMAP의 〈Dear WOMAN〉을 사용하였다.

광고에는 우에하라 타카코[上原香子], 다케우치 유코[竹内結子], 다나카 레이나[田中麗奈], 나카마 유키에[仲間由紀惠], 히로스에 료코[廣末涼子], 미즈키 아리사[觀月ありさ]라는 일본을 대표하는 6명의 톱스타를 한번에 등장시켰다. 오모테산도 힐즈에서 실시된 상품발표 이벤트에는 앞서 설명한 6명의 톱스타들이 등장하였고 그 모습은 전국 9개 지역에 설치된 대형 비전으로 생중계되었으며 스크린 아래에서는 샘플링을 실시하였다. 또한 오모테산도역에는 패키지 부분을 입체화시킨 옥외광고도 집행하였다.

TSUBAKI의 메인 카피에는 '일본의 여성'이라는 문구를 삽입하여 오랜 시간 높은 점유율을 유지해왔던 럭스 슈퍼리치 및 아시엔스와의 명확한 차별화를 구축하는 데 성공하였고 발매 당시 연간 판매목표가 100억 엔이었으나 불과 판매 한 달 반 만에 40억 엔을 돌파하여 헤어케어 시장에서의 톱 브랜드로 자리매김하게 되었다.

B with S 커뮤니케이션에서 기능하는 미디어

브랜드에 우호적인 지원자(서포터)의 육성 및 영속적인 관계성 구축을 위해서는 기업이나 브랜드가 소비자와 직접 컨텍할 수 있는 자사 미디어의 역할이 크다. 자사 웹사이트나 회원을 활용하여 고객의 충성도를 높이거나 로고가 인쇄된 스티커를 배포하여 브랜드를 더욱 친밀하게 느낄 수 있도록 하는 방법도 효과적이다. 브랜드에 대해 호의를 갖고 있는 사람에게는 그 브랜드의 스티커 자체가 브랜드와의 관계를 더욱 깊게 하는 자사 미디어로서 기능하는 것이다. 예를 들면, ALSOK 등의 경비회사가 고객의 건물에 붙이는 스티커는 고객과의 관계성을 유지하거나 관계를 돈독하게 하기 위한 자사 미디어인 것이다.

과거 소셜미디어가 탄생하기 전부터 지원자와의 영구적인 관계성 구축을 위한 노력은 타사에서도 이루어져왔다. 그 중에서도 유명한 사례의 하나가 할리 데이비슨의 HOG(할리 오너스 그룹)이다. 할리 데이비슨은 한 시대를 풍미하였던 미국의 오토바이 제조사 중 유일하게 생존한 기업이지만 1970년대 후반부터 1980년대 초반까지만 해도 부도위기에 직면해 있었다. 혼다와 야마하 등 일본 제조사의 등장과 생산공정의 허술함이 그 원인이었다. 1981년 경영진이 당시 모기업이었던 AMF로부터 회사를 매입한 후 재기의 길을 걷게 되었다. 1982년부터 1년 사이에 전 종업원의 40%를 해고하고 품질향상을 위해 사력을 다하며 이와 동시에 설립한 것이 HOG였다. 활동의 중심은 매우 심플하게도 팬의 모임을 만들어 주는 것이었으며 매주 8백 개 이상이 있는 지부마다 오너를 모아 관광이나 경주를 열었다. 독특하게도 이 모임에는 할리 데이비슨의 경영진도 적극적으로 참가하여 오너들과의 관계를 돈독히 했다는 것이다.

또한 각종 파티도 적극적으로 개최하였다. 할리 데이비슨의 오너들은 로고가 들어간 가죽점퍼나, 벨트, 라이터 등 작은 소품들까지도 할리 데이비슨으로 도배를 할 정도였다. 이러한 노력들이 서포터들과의 관계성 강화로 이어졌고 나아가 그것을 중심으로 한 평판조성이 할리 데이비슨의 기적적인 부활에 빼놓을 수 없는 역할을 하였다.

S into C 커뮤니케이션에 기능하는 미디어

지원자가 자연스럽게 일반 소비자 안으로 들어가 제3자의 입장에서 추천하거나 평판을 형성(*Reputation*)하는 S into C 커뮤니케이션은 대표적인 언드 미디어라고 할 수 있다.

자세한 내용은 제4장의 해외사례에서도 소개할 예정인데 미국의 대형 가전 판매점인 베스트바이는 전문지식이 풍부한 종업원이 많아 가전제품에 관한 어떤 질문에도 정확하게 답변해주는 것이 특징으로 매우 높이 평가받고 있다. 그러나 고객과 종업원 간의 대화는 점포 내로 제한되어 있어 베스트바이에 방문한 적이 없는 사람에게는 그 특징이 전해질 수 없었다.

그래서 베스트바이는 트위터를 통해 누구나 베스트바이의 종업원에게 가전제품 등에 대해서 질문할 수 있는 Q&A 사이트를 설치하여 고객과 종업원의 대화를 다른 사람도 볼 수 있도록 하였다. 누군가가 트위터를 통해 가전제품에 관한 질문을 하면 곧바로 베스트바이의 종업원이 답변을 하게 되며 질문자(고객)를 팔로우하는 일반 사람들도 필연적으로 질문자의 트위터(언드 미디어)를 통해 두 사람의 대화내용을 보게 되는 것이다. 즉, 트위터상에서 베스트바이에 질문을 한 사람은 그대로 언드 미디어를 통해 다른 사람에게 의도하지 않게 추천을 하는 셈이 되는 것이다.

다양한 조합과 연동도 반드시 검토할 것

B to C에는 유료 미디어, B with S에는 자사 미디어, S into C에는 언드 미디어라는 조합은 무조건적인 것은 아니다. 물론 예외도 있을 수 있다.

예를 들면, 무알콜 맥주맛 음료인 '기린 프리'의 경우 상품이 가지는 사회적 의의를 알리는 미디어 보도(언드 미디어), 맥주와 유사한 패키지 디자인(자사 미디어)이 맥주 마니아들로 하여금 '나를 위한 맥주다'라고 느낄 수 있는 계기가 되었다고 할 수 있다. 즉, 언드 미디어와 자사 미디어가 '자기것화' 획득을 위한 미디어로서 기능한 것이다.

앞서 설명한 것과 같이 3개의 R은 나선형 관계라고 할 수 있다. 좌우 어느 방향으로든 관계를 맺을 수 있는 것이다. 관계성이 조성되면서 자기것화가 촉진되며 평판을 낳는다. 관계성으로부터 생겨난 평판은 자기것화를 촉진한다. 그리고 자기것화가 관계성을 강화하여 평판을 생성하는 등 이러한 삼자간 관계는 임기응변식으로 이해할 필요가 있다.

또한 3개의 미디어가 각각 분리되어 기능하는 것보다는 복합적으로 기능함으로써 효과가 배가되는 것은 당연한 것이므로 여기서 통합형 마케팅 커뮤니케이션 전략의 필요성이 대두된다. 예를 들면, 매스미디어를 통한 유니크한 광고(유료 미디어)나 회원을 대상으로 한 시책(자사 미디어)이 화제가 되어 매스컴에 보도되거나(언드 미디어), SNS 등에서 화제가 된 것이 확산되어 평판이 전파(언드 미디어)되는 경우 등을 생각해 볼 수 있다. 때문에 특히 언드 미디어에서 평판형성을 활성화시키기 위해서는 트위터 등 평판을 가시화할 수 있는 소셜미디어를 활용하거나, 유료 미디어나 자사 미디어와 연동하는 등 다양한 연계방법을 검토해야 한다.

칼 럼

트리플미디어의 파생적 분류

트리플미디어를 기반으로 그 밖에도 몇 개의 분류가 존재한다. 예를 들면, 맥킨지에서는 트리플미디어를 한층 더 세분화하여 5개로 분류하고 있다.[1] 구체적으로는 언드 미디어 중 부정적인 평가를 'Hi jacked'라는 이름을 붙여 구별하고 있다. 또한 자사 미디어 중에서는 그 자체가 타사의 광고를 게재할 수 있을 정도로 성장한 것도 있으며[2] 이러한 자사 미디어에 게재되는 타사의 광고를 'Sold'라고 이름 붙여 구별하고 있다. 즉, 유료(*Paid*), 자사(*Owned*), 언드(*Earned*), 하이젝트(*Hi Jacked*), 솔드(*Sold*)의 5개로 분류되는 것이다.

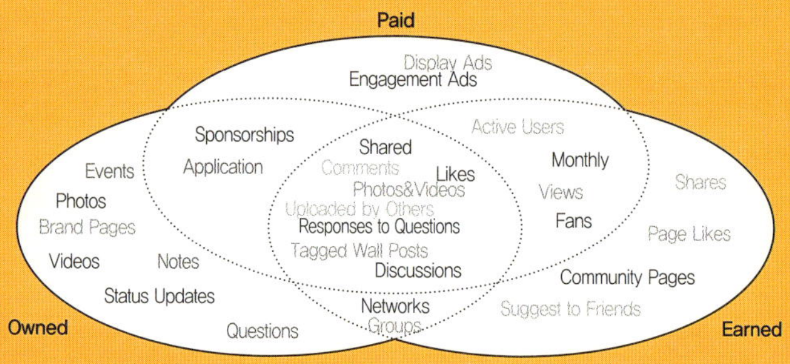

출처: Nichols, James(2010), "How to Define Shared Media on Facebook."

1 "Beyond paid media: Marketing's New Vocabulary," *Mckinsey Quarterly*, Nov. 2010.

2 일본에서는 광고를 게재할 수 있는 자사 미디어로 일본 코카콜라가 운영하는 코카콜라 파크가 있다. http://c.cocacola.co.jp/ad/

또한 유료, 자사, 언드 미디어를 병렬하는 것이 아닌 3개의 원을 겹쳐 중복되는 부분으로 구별하는 분류방법도 있다. 예를 들어, 비공식적인 페이스북 블로그인 'All Facebook'(www.allfacebook.com)에서는 3개의 미디어가 겹치는 부분은 '공유 미디어'(*Shared Media*)라고 이름 붙여 구별하고 있다. 이 분류방법은 페이스북에서 이루어지고 있으나 페이스북이 아니라도 트리플미디어를 구체적인 방법으로 적용시킬 경우에는 설득력이 높다고 할 수 있다.

효과적인 체험접점의 발견과 매니지먼트

다음 과제는 트리플미디어의 관점에서 다양화되고 세분화된 체험접점 중에서 효과적인 접점을 발견하고 매니지먼트(브랜딩)하는 것이다. 물론 모든 체험접점을 활용하려는 것은 효율성의 측면에서도 현실적이지 못하다.

성숙된 시장에서 소비자의 구매 프로세스는 'AIDMA'와 같이 '알다'(인지)→'느끼다'(정서)→'구매'(행동)의 순으로만 이루어지지 않는다는 것은 이전부터 지적되어왔다. 본(Vaughn, 1980)은 상품을 '고관여'와 '저관여', '사고형'과 '감정형'의 2개의 축으로 분류하였다. 그리고 예를 들어 '저관여/사고형'의 상품인 식품 및 가정용품 등의 경우는 '구매'(행동)→'느끼다'(정서)→'알다'(인지)의 순서로 일어난다고 지적하였다. 즉, 상품을 구매한 후에 자신이 어떤 상품을 샀는지 인지하는 경우가 있을 수 있다. 또한 페티와 카이오포(Petty & Cacioppo, 1986)는 광고 메시지를 받아들이는 개인의 정보처리 능력과 정보처리에 대한 동기의 높낮이에 따라서도 정보처리의 프로세스가 다를 수 있다고 지적하였다.

4개의 심리 스테이지와 체험접점

우리는 인지에서 구매에 이르기까지의 소비자의 '심리 프로세스'보다는 '각각의 단계에서의 심리상태'에 주목해야 한다고 생각한다. 'ADK 체험접점® 매니지먼트'에서는 소비자의 구매에 관한 심리상태를 일상

도표 3-4 **AIDMA와 ADK의 체험접점 분석**

- 성숙된 시장에서는 반드시 AIDMA의 순서라고 할 수는 없다.
  - ☑ 예를 들어 저관여 상품은 '구매→느끼다→알다'일 경우도 있다(Vaughn, 1980) .
- 인지부터 구입에 이르기까지 소비자의 '심리 프로세스'보다도 '각각의 단계에서의 심리상태'를 중시.
  - ☑ 필요한 정보를 적시에 적절한 접점에서 제공하는 미디어 매니지먼트.
  - ☑ 인지=TV의 역할이라고 규정하지 않고 역발상을 통해 효과적인 접점을 찾는다.

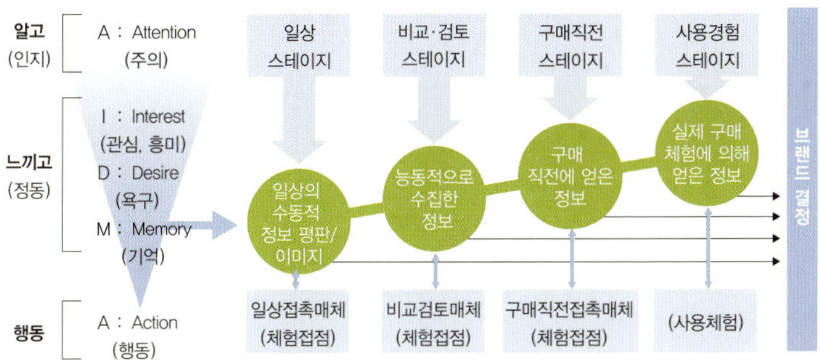

스테이지', '비교 · 검토 스테이지', '구매직전 스테이지', '사용경험 스테이지'의 4개로 나누어서 분석하고 있다(〈도표 3-4〉).

'일상 스테이지'란 카테고리나 브랜드의 정보에 대해 수동적인 상태에 있음을 말한다. '비교 · 검토 스테이지'란 특정 카테고리에 구매에 대한 관심이 생겨나 능동적인 정보수집이나 복수 브랜드의 비교검토가 발생하는 상태를 의미한다. '구매직전 스테이지'에서는 실제로 특정 카테고리나 브랜드를 구매하려는 직전의 상태이며 '사용경험 스테이지'란 실제로 구매한 브랜드를 사용하고 경험한 상태를 말한다. 이 4개의 스테이지는 어떤 개인의 심리 프로세스의 하나의 단계임과 동시에 구매에 대한 심리상태를 바탕으로 한 타깃 세그먼트라고도 할 수 있다.

체험접점의 분석에서는 실제로 구매한 사람이 어느 스테이지에 많이 존재하는지 또한 각각의 스테이지에 있어 어떤 체험접점이 해당 브랜드의 구매에 영향을 미치는지를 조사한다. 조사의 질문내용은 해당 브랜드의 구매자에 대해 '당신은 어느 단계(앞의 4개의 스테이지)에서의 정보접촉이 브랜드 구매의 결정적 요인이 되었습니까'라고 묻는 매우 심플한 것이다(〈도표 3-5〉).

도표 3-5

ADK의 체험접점 분석

- 소비자의 심리상태를 '일상 스테이지', '비교 · 검토 스테이지', '구매직전 스테이지', '사용경험 스테이지'의 4개로 나누어 분석한다.
  1. 실제로 구매한 소비자에게 어떤 심리상태(어느 스테이지)에서 브랜드를 결정했는지 조사.
  2. 동시에 각 스테이지에서 어떤 정보원(체험접점)이 참고가 되었고 결정적인 원인이 되었는지 조사.
- 이 조사에 의해 다양한 미디어(접점) 중에서 효과적인 점접을 좁혀나가는 것이 가능해진다.

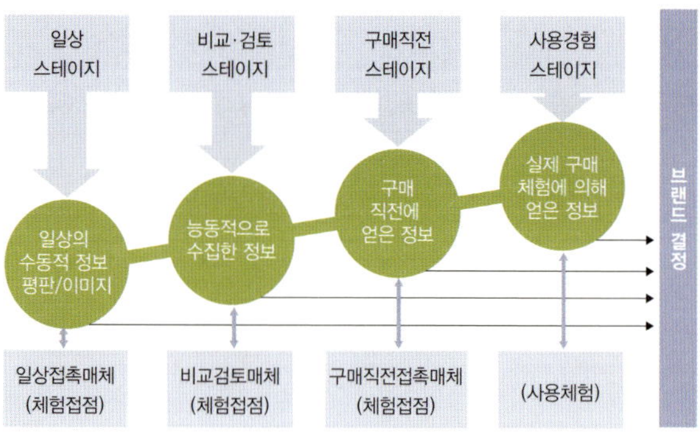

효과적인 스테이지와 체험접점 좁혀가기

각 스테이지와 각각의 체험접점을 수집, 분석함으로써 상호작용(연쇄) 등을 밝힐 수도 있다. 해당 카테고리나 브랜드에서 어느 스테이지가 중요하며 또한 각각의 스테이지에서 어떤 체험접점이 구매에 영향을 미치는지를 다양한 체험접점 중에서 좁혀갈 수도 있다.

예를 들면, 컴퓨터 구매자의 조사결과(〈도표 3-6〉)를 보면 스테이지별로는 '비교 · 검토 스테이지'에서 브랜드를 결정했다는 사람이 41%로 가장 많았고 체험접점으로써는 '점원의 설명', '카탈로그', '웹사이트'(자사 사이트, 비교 사이트)의 영향력이 강한 것을 알 수 있다.

도표 3-6 **ADK 체험접점 분석 예시(컴퓨터)**

- '비교·검토 스테이지'가 가장 높으며 '구입직전 스테이지'가 그 뒤를 이음
  - ☑ 비교검토시 점원의 설명, 비교 사이트와 자사 사이트
  - ☑ 일상생활에서의 TV광고(유료 미디어), '친구나 지인'의 입소문(언드 미디어)
  - ☑ 매장(세일즈 토크, 진열), WEB을 확충한 플래닝이 중요

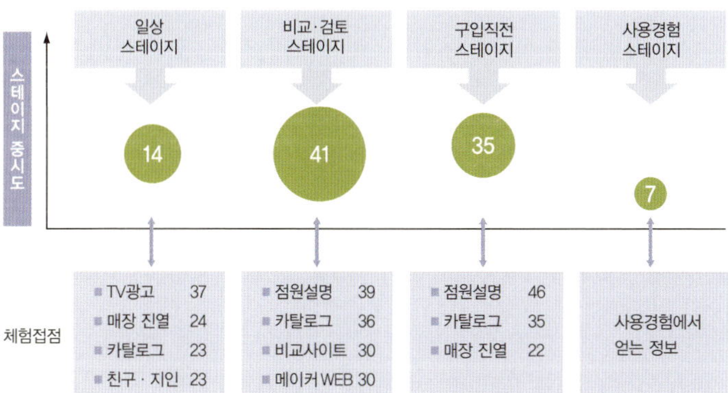

주 : 분석결과는 ADK의 과거 조사에 따른 아웃풋 이미지. 출처 : ADK 체험접점(EXPM) 조사 2010년 6월 n709

따라서 컴퓨터 구매자에게는 '비교 · 검토 스테이지'와 '구매직전 스테이지'에서 '매장'(세일즈 토크, 진열, 카탈로그)과 '웹사이트'(자사 사이트, 비교 사이트)접점을 강화하면서 일상접점인 'TV광고'와 연동하는 크로스미디어 플랜이 효과적이라고 추측할 수 있다.

특히 이 조사결과에서 주목할 만한 점은 체험접점으로서 '점원의 설명'의 중요성이다. 점원의 세일즈 토크에 따라 구매가 결정될 확률이 크기 때문이다. 더불어 점원의 설명에 따라 매장에서는 브랜드 스위치도 일어나기 쉽다. 카피나 캐치플레이즈라고 하면 TV광고나 신문광고를 떠올리기 쉬우나 컴퓨터에서는 매스미디어 광고의 카피를 생각하는 것과 마찬가지로 아니면 그 이상의 노력을 기울여 점원의 매력적인 세일즈 토크를 생각하는 것도 중요해진다.

물론 판매점 점원의 설명내용을 컨트롤하는 것은 쉽지 않은 일이나 적어도 컴퓨터 제조사는 매장에 파견하는 판매지원 스태프를 위해 쉽고 매력적인 세일즈 토크를 개발하고 전수해야 한다. 또한 판매점의 점원이 자신도 모르게 고객에게 설명하고 싶어질 만한 판매지원 자료를 제공하는 것도 잊어서는 안 된다. 여기서 중요한 것은 각각의 메시지를 따로 개발하는 것이 아니라 각 스테이지의 접점에서 연동을 고려해야 하는 점이다.

'비교 · 검토 스테이지'나 '구매직전 스테이지'에서의 체험접점으로 '매장'이 높은 순위에 있는 것은 당연할지 모르나 '일상 스테이지'에서도 '매장'이 'TV광고'에 이어 높은 점에 주목할 필요가 있다. 예를 들어, 소비자가 가전제품 매장에 전구를 사러간 김에 컴퓨터 매장을 지나다 관심을 갖게 된 경우를 생각해 보면 알기 쉽다. 즉, 매장에서는 구매예정 외 카테고리의 상품을 인지하거나 관심을 갖게 되는 경우가 있다. 매장은 구매직전의 사람을 위한 정보제공의 장소라고 생각하기 쉬우나 인지획득을 위한 미디어(접점)가 될 수도 있다는 것을 잊어서는 안 된다.

타깃 속성을 고려하기

동일한 카테고리 안에서도 타깃 속성에 따라 중요한 스테이지나 체험접점은 달라진다.

예를 들어, 컴퓨터 구매자를 상급자와 초급자로 나누어 집계하면(〈도표 3-7〉) 상급자는 '비교 스테이지'의 중요도가 크며, 'WEB사이트'(자사, 비교 사이트)나 '기사'(퍼블리시티나 편집 타이업), '카탈로

도표 3-7 컴퓨터 숙련도에 따른 차이

- 동일한 카테고리라도 타깃의 상품 지식에 따라 중요한 스테이지와 체험접점(정보원)이 달라질 수 있다.
  - ☑ 상급자에게는 제조사의 WEB이나 카탈로그 등 능동적으로 접촉하는 체험접점이 효과적
  - ☑ 초급자에게는 TV광고와 매장과의 연동이 중요

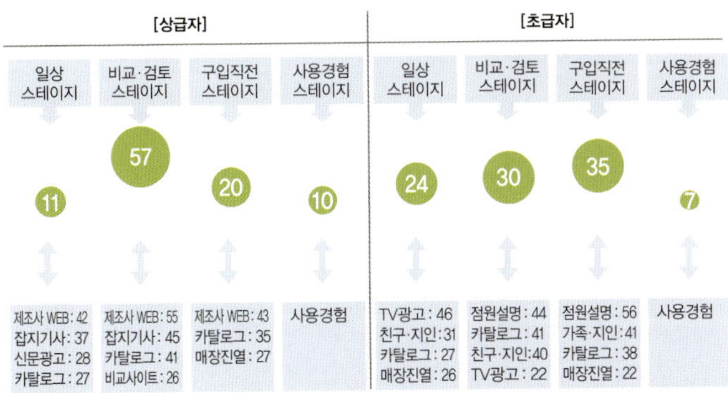

주 : 분석결과는 ADK의 과거 조사에 따른 아웃풋 이미지

그' 등의 체험접점이 상위에 있는 것을 볼 수 있다. 따라서 이와 같은 접점을 확충하고 정보에 대해 능동적인 구매 검토자를 의식한 정보제공이 효과적이라고 생각할 수 있다.

한편 초급자의 경우는 '구매직전 스테이지'가 가장 중요하다고는 하나 중요도는 각 스테이지에 분산되어 있다. 각 스테이지에서의 체험접점을 고려하면 '점포(특히 세일즈 토크)'와 'TV광고'가 연동되는 크로스미디어 커뮤니케이션이 효과적이라고 생각된다. 또한 초급자의 경우 어느 스테이지에서도 '친구나 지인'이 상위에 있으나 이것은 가까운 상급자에게 조언을 구하고 있다고도 생각할 수 있겠다. 그리고 이를 통해 상급자를 위한 커뮤니케이션이 결과적으로는 초급자에게도 파급될 수 있다는 가설을 세울 수도 있을 것이다.

위와 같이 커뮤니케이션 플랜을 세울 때는 잠재고객은 성별, 연령뿐만 아니라 해당 브랜드에 대한 관여나 숙련도 등 다양한 속성을 통해 분석해야 한다는 것을 잊어서는 안 된다.

STEP 4

새로운 커뮤니케이션 디자인 프레임 'R3'의 제시

R3 커뮤니케이션이 지향하는 모습

공동창조가치를 높이는 세 가지 R

모든 R도 기점이 될 수 있다

일본사례 File No.01~09

해외사례 File No.01~05

한국사례 File No.01~05

[칼럼] R3 커뮤니케이션에서의 ARG 가능성

TOP Creator 인터뷰

R3 커뮤니케이션이 지향하는 모습

제1장에서도 언급했지만 1985년에 코라콜라사가 맛을 바꿨을 때 캐나다의 소비자는 새로운 콜라를 받아들였지만 코카콜라에 대해 특별한 감정을 갖고 있는 미국의 소비자는 이를 거부했다. 또한 2009년에 IKEA가 비용절감의 일환으로 공식 폰트를 기능적인 디자인으로 변경했는데 기존의 세련된 폰트에 애착을 갖고 있던 소비자로부터 수많은 항의를 받았다. 코틀러(Kotler, 2010)는 이러한 사례를 들며 소비자와 확고하게 연결되어 있는 브랜드는 더 이상 기업만의 것이 아니라 소비자의 것이기도 하다고 지적하고 있다.

할리 데이비슨이나 디즈니랜드에 대해서도 그 브랜드가 이미 소비자에게 생활이나 인생의 일부가 되었다는 사실이 수많은 선행연구에서 지적되고 있다. 더 나아가 온라인 사전 위키피디아나 OS 리눅스에서도 볼 수 있듯이 소비자 자신이 생산활동에 참여하는 경우도 있다. 이러한 브랜드에서는 기업과 소비자가 함께 해당 브랜드를 키워 가치를 높이고 있는 것이다.

기업과 소비자가 함께 브랜드를 육성하는 '공동창조관계'의 중요성에 대해서는 지금까지도 다방면에서 논의되어왔다. 브랜드의 커머디티화가 진행되어 기업과 소비자의 관계가 평등해지는 현재, 공동창조관계는 기업과 소비자 간의 이상적인 관계라고 할 수 있다.

앞에서 언급한 코카콜라처럼 높은 수준에서의 가치 공동창조가 가능한 브랜드는 많지 않을지도 모른다. 또한 하루아침에 실현할 수 있는 것도 아닐 것이다. 하지만 아무리 신제품이라 하더라도 장기적으로 소비자와의 가치 공동창조 관계를 구축해나가는 움직임은 필요하다.

도표 4-1 공동창조가치를 높이는 세 가지 R

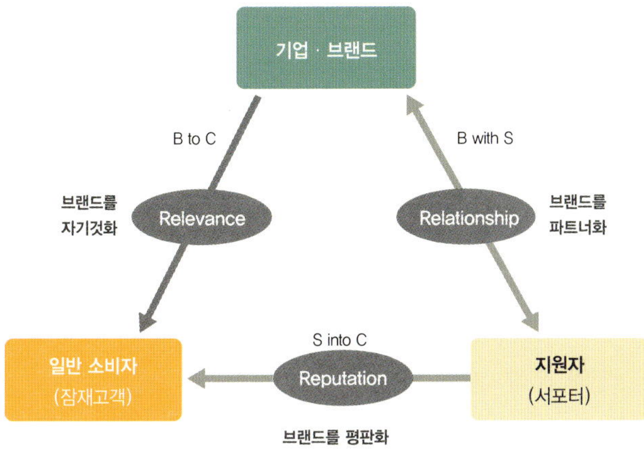

이 책에서는 기업과 소비자가 함께 만들어내는 가치를 '공동창조가치'라고 했다.

R3 커뮤니케이션이 지향하는 것은 연관성(*Relevance*), 평판(*Reputation*), 그리고 관계(*Relationship*)라는 세 가지 R의 연계, 숙성을 진행해 기업과 소비자에 의한 '공동창조가치'가 높아지는 것이다(〈도표 4-1〉).

공동창조가치를 높이는 세 가지 R

R3 커뮤니케이션에서의 세 가지 R은 단계를 거쳐서 숙성된다. 따라서 각 단계 레벨을 정의하고 측정가능한 척도를 사용하는 것으로 세 가지 R은 브랜드 관리지표로서의 기능을 병행할 수 있게 된다. 여기에서는 세 가지 R의 레벨에 대해 설명한다(〈도표 4-2〉).

연관성/Relevance, 브랜드의 자기것화

연관성의 첫 번째 단계는 '인지레벨'이다. 인지란 반드시 브랜드명 인지를 뜻하는 것이 아니다. 단순 패키지 인지, 로고 인지, 그리고 내용 이해라고 하는 단계가 있다.

인지레벨의 다음 단계를 '수용레벨'이라고 한다. 수용레벨에서는 해당 브랜드를 본인과의 연관성으로 평가해 수용할지, 무시할지, 혹은 거절할지를 판단한다. 수용은 다시 말하면 공감이기도 하다.

수용이 더욱 강화되면 '이 브랜드는 정말로 나를 위해 존재한다'라는 '확신레벨'까지 이동한다.

도표 4-2 공통창조가치를 높이는 프로세스의 이미지

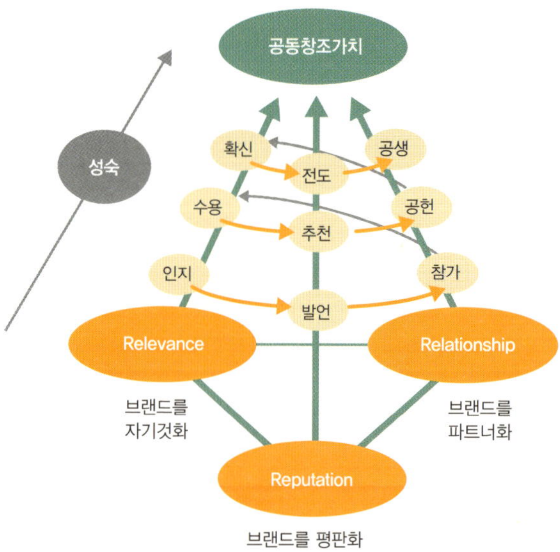

평판/Reputation, 브랜드의 평판화

평판에서 최초의 단계는 '발신레벨'이다. 이 단계에서는 브랜드명이나 상품명을 내세우는 것으로써 추천까지는 일어나지 않는다. 단순히 화제대상이 되는 단계일 뿐이다. 그렇지만 본인은 추천하고 싶지는 않다 하더라고 그 발신자체가 제3자로부터 보면 좋은 평판으로 수용되어서 결과적으로 '의도하지 않은 추천'이 되는 경우가 있다. 또 ADK가 실시한 초콜릿의 구매의사 결정요인의 조사(ADK 체험접점 조사, 2007년 4월)에서는 '다른 사람이 먹고 있는 모습'이 거론되었다. 이 경우에서도 먹고 있는 사람 본인은 추천할 의도가 없다고 하더라고 실질적으로 추천(의도하지 않는 추천)으로서 기능하고 있다. 이처럼 발신이나 태도가 평판의 초기단계의 '발신레벨'이라고 할 수 있다.

발신레벨의 다음 단계는 '추천레벨'이다. 추천에는 '굳이 의견을 말하자면 이것은 좋은 상품이다'라는 것과 같은 소극적인 추천부터, '이것을 추천한다'라는 적극적인 추천까지 강약이 존재한다.

추천에서 더 진행되면 드디어 '전도레벨'에 도달한다. 브랜드 스위치를 촉진하는 행위는 마치 종교에서의 전도 같은 것이다. 전도를 행하는 소비자는 글자대로 'Evangelist'(전도사)라고 불린다.

한편, 평판에는 비판도 포함되어 있다. 라이크헬드(Reichheld, 2007)는 브랜드별로 추천자, 중립자, 비판자를 조사해서 추천자의 비율에서 비판자의 비율을 뺀 점수를 Net Promoter Score(NPS)라고 정하였다. 추천자의 비율이 30%이고 비판자의 비율이 20%이면 NPS는 10%가 된다. 추천자가 30%이고 비판자가 40%인 경우는 NPS는 마이너스 10%가 된다. 이처럼 NPS는 마이너스 100%부터 플러스 100%까지의 숫자로 표시되지만 라이크헬드는 이런 NPS가 각 브랜드의 매출이나 가까운 미래의 시장 점유율과의 상관관계가 높다고 한다.

또한 NPS 조사를 일본에서 실시하면 미국에 비해 마이너스 스코어가 두드러진다고 하는 과제를 우가진[宇賀神, 2008] 씨가 지적했다. 그래서 일본 시장에 맞도록 NPS 조사방법을 커스터마이즈해 조사한 결과 일본에서도 유효한 조사결과를 얻을 수 있었다고 한다. 우가진 씨는 이 조사결과를 추천도 스코어라고 이름 붙였는데 이 추천도 스코어에서의 추천자는 R3에서의 지원자(서포터)에 해당하는 존재라고 할 수 있다. 그래서 R3에서도 긍정적인 평판에서 비판적인 평판을 뺀 수치를 진정한 추천도 스코어로 채용하고자 한다.

관계/Relationship, 브랜드의 파트너화

공동창조가치 개념에 가장 가까운 것이 관계이다. 이 책에서는 관계를 '참가', '공헌', '공생'의 세 가지 레벨로 나누어 다음과 같이 정의했다.

우선은 관계의 가장 초기단계인 '참가레벨'을 고려해보고자 한다. 예를 들어, 거리에서 어떤 이벤트가 열리고 있는데 이 이벤트를 보거나 참여하는 것도 참가이다. 샘플링 상품을 받고, 재미있어 보이는 블로그 소재를 입수하는 등의 행위도 참가이다. 이 경우 실제로 참가해서 처음으로 브랜드를 인지하는 경우도 많다. 즉, 참가는 반드시 인지를 전제로 하지 않는다. 감정 면에서 본다면 관심이 가는 존재라고 느끼는, 더욱 정보를 얻고 싶어지는, 샘플이 갖고 싶어지는 것 등이 참가의 초기단계이다.

참가의 단계가 높아지면 이메일 매거진 등록이나 샘플 사용, 자동차라면 딜러를 방문하는 등의 행동이 나타난다. 이 단계가 되면 연관성(*Relevance*)에서도 어느 정도의 브랜드 인지나 이해가 진행되고 있다고 생각할 수 있다. 참가의 최상위 레벨은 자동차라면 시승에 해당하며 음료나 과자라면 구입을 시도하는 것이 된다.

참가레벨 다음 단계는 '공헌레벨'이다. 유저 회원조직에 가입하는 것도 공헌이다. 그 중에는 상품이나 브랜드와 상관없이 경품목적으로 회원조직에 가입하는 사람도 있겠지만 대부분의 경우 구입하고 싶지 않은 상품이나 서비스에 유저등록을 하지는 않는다.

하지만 히긴즈(Higgins, 2006)는 인게이지먼트(*Engagement*)라는 말에 대해 '무언가에 관여하거나 매료되거나 관심을 갖고 있는 상태', 또는 '강한 인게이지먼트란 무언가에 열중하거나 빠져 있는 상태'라고 설명하고 있다. 히긴즈의 정의에서 인게이지먼트를 생각한다면 공헌은 인게이지먼트와 같은 뜻이라고 할 수 있다. 예를 들어, 신상품이 출시되면 곧바로 줄을 서서라도 사는 사람은 공헌레벨에 해당한다.

그리고 공헌레벨이 축적돼 '공생레벨'로 이행된다. 예를 들어, 애플사의 컴퓨터의 경우, 신상품이 출시될 때마다 가장 먼저 점포에 줄을 서서 구입하는 사람이 많다고 하는데 '가장 먼저 줄을 서서라도 구입한다'라는 공헌을 계속해오는 소비자는 공생레벨에 있다고 할 수 있다. R3의 관계에서 참가레벨이나 공헌레벨에는 시간개념이 포함되어 있지 않지만 공생레벨로 이행하기 위해서는 장기적이고 안정적인 시간이 필요요건이 되는 것이다.

모든 R도 기점이 될 수 있다

세 가지 R의 숙성과정은 앞에서도 기술한 바와 같이 반드시 인지→수용→확신으로 직선적으로 진행되는 것이 아니다. 인지→발언→참가→수용…으로 바뀌면서 숙성되며 인지→참가→수용→발신이라는 순서를 따를 때도 있다.

한 예로 퇴근 후 우연히 서프라이즈형 댄스 이벤트에 조우했다고 치자. 이벤트는 큰 음악소리와 함께 역사 내에서 갑자기 시작되고 게다가 지나가던 일반 사람들이 춤을 추기 시작해서 나도 사진을 찍는다거나 나도 모르게 함께 춤을 추게 되었다. 나중에 그것이 어느 휴대전화 회사의 이벤트이며 TV광고 촬영이기도 했다는 사실을 인터넷 뉴스로 알게 되었다. 이 감동체험에 대해 트위터에 글을 적었다.…이것은 통신사인 T모바일이 영국의 리버풀역에서 실제로 했던 사례인데 이 경우에서는 참가→인지→수용→발신의 순서가 된다.

이처럼 R3 커뮤니케이션은 세 가지 R이 연계하면서 경우에 따라서는 순환하며 루프를 그리며 숙성해나가는 것이다.

File NO.01~09

일본사례

No.1
오쓰카제약

No.2
기린맥주

No.3
산텐제약

No.4
시세이도

No.5
후지중공업

No.6
HOYA

No.7
미쓰이부동산
레지덴셜

No.8
야마나시현

No.9
로토제약

File NO.01

마시는 타이밍과 판매점을 연결한 모바일 플랫폼

오쓰카제약 · 아미노 밸류 'Tweet Runners'

캠페인 개요

기업명 · 상품명

오쓰카제약 / 아미노 밸류(Amino Value)

실시

2010년 10월~

배경 · 과제

아미노 밸류는 러닝 붐으로 늘어나는 러너를 타깃으로 한 아미노산 음료. 매일 마시는 유저의 확대를 목적으로, 좁혀진 타깃에게 제품의 이해를 돕고, 계속적인 관계를 쌓는 것이 과제.

인사이트 · 핵심 아이디어

'시민 마라톤의 재현'을 콘셉트로, 러닝을 즐겁게 즐길 수 있도록 어플리케이션을 제공한다.

전개 아이디어

GPS에 의한 러닝 시뮬레이터와 트위터를 융합하여, 지도상에 아미노 밸류의 판매점을 표시하는 iPhone 어플리케이션 'Tweet Runners'를 무료로 배포.

자사 미디어와 언드 미디어를 연계하여 관계구축 및 평판을 동시에 획득

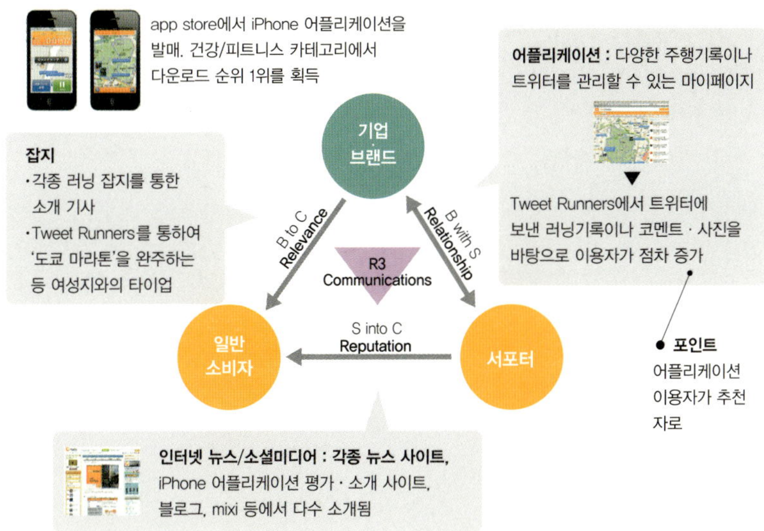

'아미노 밸류'는 운동할 때와 운동 후, 근육에 효과적으로 작용하는 기능성 음료이다. 오쓰카제약은 타깃인 러너들이 즐겁게 달릴 수 있는 '시민 마라톤'에 착안하여, 시민 마라톤의 연도에서처럼 관객과 급수소를 언제 어디서나 재현할 수 있는 러너들의 플랫폼 구축을 목표로 했다.

구체적으로는 GPS를 활용한 러닝 데이터에 주행기록이나 사진을 추가하여 트위터에서 공유할 수 있는 iPhone 어플리케이션을 개발하여, 무료로 배포. '달리는 것은 힘들지만, 친구에게는 조금 자랑하고 싶다'라고 생각하는 러너들의 연관성(*Relevance*)을 획득하여, 다운로드 수는 점점 늘어갔다.

어플리케이션의 이용자가 트위터에 멘션을 남기면, 다수의 응원 코멘트가 모여져, 한층 더 평판(*Reputation*)으로 연결되었다. '같이 달리는 친구와 연도의 관객' = 트위터, '연도의 급수소' = 판매점으로서 표현하여, 시민 마라톤에서의 연도를 재현함으로써, 즐겁게 달릴 수 있는 환경을 구축하는 데에 성공했다.

이용자에게는 일별, 주별, 월별로 주행기록을 관리할 수 있는 마이페이지가 준비되어 있어, 계속적인 관계(*Relationship*)도 실현. 거기에 즐겁게 달린 뒤에는, 지도상의 급수소로서 가까운 판매점을 표시하여, 마시는 타이밍과 판매점을 연결함으로써 구입을 촉진시켰다.

그 결과, 아미노 밸류는 판로확대에도 공헌하여, 취급 판매점이 증가. 러너들에게는 급수지점이 늘어남으로써 더욱더 달리기 쉬운 환경을 정비하는 호순환을 만들었다.

RESULT

캠페인의 성과/실적

App Store의 건강&피트니스 카테고리에서 제1위를 획득. 릴리스 후, 약 5개월에 5만 건을 넘는 다운로드와 약 16만 회의 어플리케이션 이용, 약 6만 건의 트위터를 획득. 취급 판매점이 약 2할 증가했다.

상품 발매를 사회적인 뉴스화한다

기린맥주 · '기린 프리' 런칭 캠페인

캠페인 개요

기업명 · 상품명

기린맥주 / 기린 프리(Kirin Free)

실시

2009년 4월~

배경 · 과제

'기린 프리'는 세계 최초의 알코올 0.00%로, 맥주에 가까운 맛을 실현한 상품. 지금까지의 맥주 맛 음료는 미량의 알코올이 포함되어 있어 맛에 대한 불만으로부터 시장이 위축되어 있어, 기존의 카테고리 상품으로서 발매해도 성공을 기대할 수 없었다.

인사이트 · 핵심 아이디어

'세계최초(※), 알코올 0.00%'를 '사회적 의의가 있는 뉴스'로.

전개 아이디어

자동차로밖에 갈 수 없는 '고속도로 휴게소'에서 '음주운전이 없는 사회를 목표로 하는 상품'으로서 기자회견. 기린맥주의 강한 의지와 함께, 사회 공헌성, 상품의 신기성(新奇性)을 어필. 각 미디어의 보도, 정보프로그램에서는 사회적인 뉴스로 노출.

※맥주 맛 음료 카테고리에서. 기린맥주 조사.

언드 미디어를 중심으로 자기것화 및 관계구축을 획득

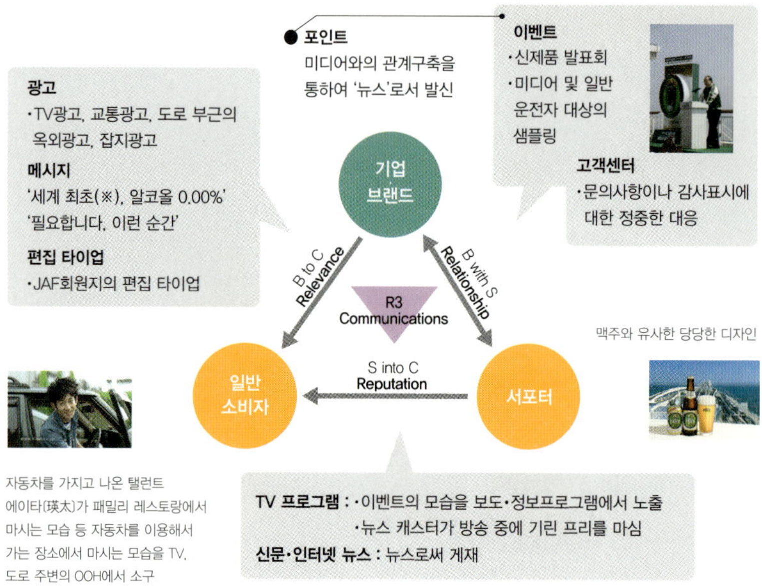

'기린 프리'는 세계 최초의 0.00% 무알코올 맥주 맛 음료로서, 게다가 맥주에 가까운 맛을 실현한 획기적인 상품. 그러나 기존의 맥주 맛 음료는 '미량이어도 음주운전이 불안', '맛이 없다'라는 평가로부터 시장이 정체되어 있었기 때문에, 신상품 발매를 일방적으로 어필해도 화제가 되지 않는 것을 걱정했다. 한편으로는, 개발단계에 실시된 그룹 인터뷰에서는 '음주운전이 없는 사회를 목표로 하는 상품'이라는 테마가 높이 평가되었다.

거기에서, 상품의 사회적 의의를 강조하고, '상품의 발매를 사회적으로 뉴스화한다'는 것을 캠페인의 목적으로 설정했다.

그렇기 때문에, 먼저 언드 미디어(*Earned Media*)인 TV, 신문, 인터넷 뉴스 등의 미디어와 관계(*Relationship*)를 구축. 그 뒤에, 미디어로부터 일반 소비자에게 평판(*Reputation*)을 넓히는 흐름을 중시했다.

구체적으로, 발매 전날 도쿄만 아쿠아 라인의 휴게소인 '우미 호타루'에서 기자들을 대상으로 신상품 발표회를 실시. '자동차로밖에 갈 수 없는' 장소에, '음주운전이 없는 사회를 목표로 하는 상품'으로서 기자에게 어필함과 동시에, 우미 호타루를 이용하던 드라이버에게도 그 자리에서 시음하도록 했다(*Relationship*). 게다가, 신상품 발표회에 맞추어, 각 정보프로그램에도 시음용으로서 기린 프리를 배포하였다.

그 결과, 발매당일 아침 각 미디어의 보도, 정보프로그램에서는 드라이버가 기린 프리를 끝까지 마시는 장면과 생방송중인 메인 캐스터가 '이거라면 일하는 중에도 마실 수 있다'고 하며 실제로 마시는 것을 보여주는 장면이 방영되어, 한층 더 평판형성(*Reputation*)으로 연결되었다. 이러한 평판이 퍼진 이후로, TV광고 등을 통해서 사회적 의의가 있는 상품으로서 인지를 확대(*Relevance*). 맥주 팬과 드라이버는 물론, 아이를 키우는 엄마, 술이 약한 사람, 못 마시는 사람 등 폭넓은 층으로부터 수용되어, 2009년을 대표하는 대히트상품으로 성장했다.

RESULT

캠페인의 성과/실적

당초의 연간 판매목표였던 63만 케이스(큰 병 환산)를 1개월 반 만에 달성하여, 최종적으로는 4백만 케이스를 판매. 이 상품만으로 맥주 맛 음료시장 전체의 약 1.6배를 기록. 신상품 발표회와 상품의 발매는, 아침~점심시간대의 보도, 정보프로그램을 중심으로 12개의 TV 프로그램, 73개의 신문과 잡지, 51개의 웹사이트에 뉴스로 화제가 되었다.

File NO.03

유저와 협동해서 TV CM을 만들다

산텐제약 · 산테 FX 왔어, 얼굴! 제작 프로젝트

사진 제공 협력 : 월간 〈판촉회의〉 2007년 10월호에서 전재

캠페인 개요

기업명 · 상품명

산텐제약 / 산테 FX

실시

2007년 4월~2009년 7월

배경 · 과제

발매당시에 화제를 부른 '왔어~'라고 소리치는 TV광고를 같은 포맷으로 계속 전개해왔지만, 발매로부터 16년을 경과한 2007년에는 젊은층의 지지를 얻지 못하고, 시장 점유율이 하락.

인사이트 · 핵심 아이디어

젊은층의 유저와 협동할 수 있는 장치를 구축한다. 브랜드 자산을 살리면서, 유저 참가형태의 캠페인을 기획.

전개 아이디어

'왔어~'라고 소리치는 장면을 참가자의 사진으로 만드는 모자이크 아트로서, 사진소재를 소비자로부터 모집하는 캠페인을 전개. 응모한 소비자는 광고출연 탤런트의 사진소재로서 옥외광고에 출연할 수 있고, 웹에서는 자신이 어디에 비춰지는지 확인도 가능. 1만 명을 옥외광고에 기용했다.

유료 미디어를 중심으로 자기것화 및 관계구축을 강화

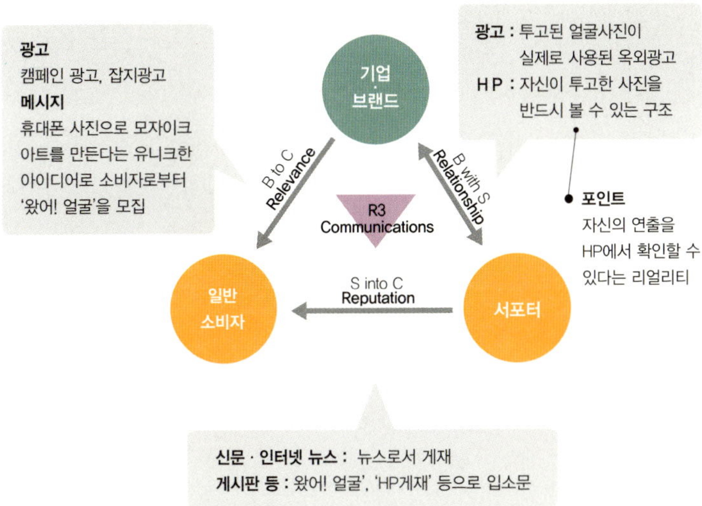

'산네 FX'가 상쾌함이 강한 안약으로서 데뷔한 것은 1991년. '왔어~'라고 소리치는 TV광고가 화제를 불러, 오랫동안 같은 포맷으로 전개해왔다.

그러나 발매로부터 시간이 지나 경쟁상품의 시장투입이 진전하면서, 발매당시의 반응을 모르는 10~20대의 젊은층으로부터 지지를 얻지 못하고 시장 점유율이 하락. 젊은층의 흥미를 환기시켜, 소비자와의 관계를 재구축하는 시책이 필요했다. 그래서 브랜드 자산이면서 젊은층도 알고 있는 '왔어~'의 장면을, 소비자의 얼굴사진으로 모자이크 아트를 만드는 유저가 참여하는 프로젝트를 전개했다.

모집고지는 TV광고 등의 유료 미디어(*Paid Media*)를 활용(*Relevance*), 응모율을 높이기 위해, 브랜드 사이트에 리얼타임의 모자이크 생성과

정을 공개하는 등, 응모자의 '왔어, 얼굴'을 휴대폰 바탕화면용 데코레이션 메일로 만들어주는 등의 시책도 전개했다(*Relationship*).

투고한 얼굴사진은 실제 광고에 사용. 광고제작에 유저를 불러들임으로써 연관성(*Relevance*)과 관계구축(*Relationship*)의 향상에 연결되었다. 또한, 투고한 이미지가 광고의 어느 부분에 사용되었는지를 브랜드 사이트에서 확인할 수 있도록 함으로써, 몇 번이고 사이트에 놀러 올 수 있도록 하는 장치를 구축하여, 한층 더 관계(*Relationship*)강화를 노렸다. 광고제작에 관여한 사실이 사이트에서 확인할 수 있는 현실감도 개인의 블로그와 SNS에서 화제가 되어(*Reputation*), 보다 폭넓은 일반 소비자의 흥미환기로 이어졌다.

성공의 포인트로서는, 광고에 출연한 소비자 본인들을 서포터화하여, 블로그와 트위터 등의 확산에 연결시킨 것(*Reputation*)을 들 수 있다. 또한, TV 프로그램과 인터넷의 뉴스 사이트에도 화제가 되어, 브랜드의 평판화(*Reputation*)에도 공헌했다.

RESULT

캠페인의 성과/실적

'왔어, 얼굴' 응모자는 3년간에 누적 2만 명 이상. 10대 유저는 30% 증가, 20대 유저는 20% 이상 증가했다. 첫해에는 매출 전년비 110% 이상을 달성. 카테고리 내 점유율은 3년간 125% 이상 증가. 20~30대 남성의 사용률은 3년간에 목표달성.

File NO.04

캠페인 메시지를 자신의 일처럼 만든다
시세이도 · TSUBAKI

캠페인 개요

기업명 · 상품명

시세이도 / TSUBAKI

실시

2006년 3월

배경 · 과제

in-bath hair care 시장은 기능, 효과 측면에서 동질화가 진전되어, 기능 소구형의 외국계 브랜드를 중심으로 시장이 형성되어 있다. 그 중에서 시세이도는 핵심이 되는 브랜드를 키우고 있지 않아서, 메이커 점유율에서 크게 뒤져 있어, 경쟁사에 대응할 수 있는 자리를 확보하는 것이 과제였다.

인사이트 · 핵심 아이디어

일본의 미를 이끌어 온 시세이도이기 때문에 리얼리티를 가지는 메시지 '일본의 여성은, 아름답다'를 소구하여, 일본인 여성의 '미의 내셔널리즘'을 눈뜨게 하였다.

전개 아이디어

'일본의 여성은, 아름답다'라고 하는 사회성이 높은 메시지와, 그것을 체현하는 다채로운 캐스팅이라고 하는 빅 콘텐츠로, 미디어, 유통, 소비자의 모든 것을 끌어들이는 대규모의 캠페인을 구축.

유료 미디어를 중심으로 자기것화 및 관계구축을 동시에 획득

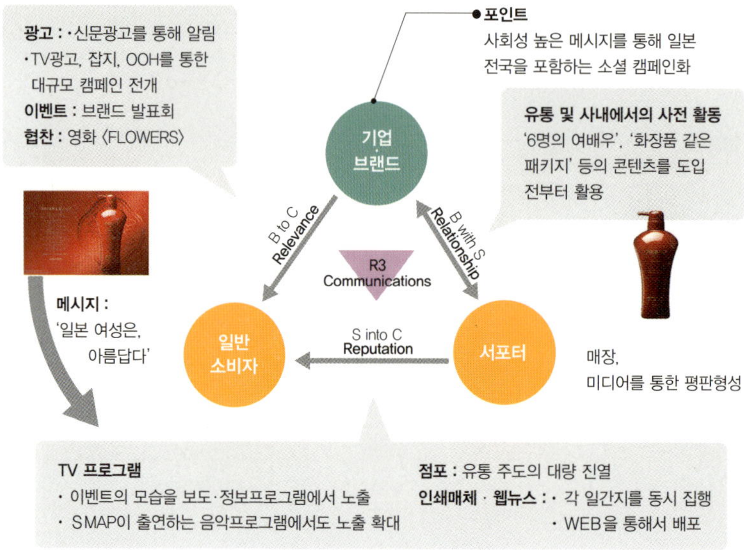

2006년 당시, 경쟁사가 할리우드 여배우 등을 TV광고에 기용하여, 동경하는 세계관을 소구해 높은 점유율을 획득하던 중, 시세이도는 '일본의 여성은, 아름답다'를 핵심 아이디어로 한 캠페인을 전개하여, 크게 점유율을 높였다.

이 캠페인의 특징은, '일본의 여성은, 아름답다'라는 콘셉트 자체가 일본인 여성에게 있어 충분히 자신의 일로서(*Relevance*) 받아들일 수 있도록 하는 점이다. 경쟁사가 기용하는 할리우드 여배우와 저명한 외국인 모델은 동경의 존재이기는 하지만, 일본인으로서 생각하면 거리감이 있다고 할 수 있다. 그 점에서, '일본의 여성은, 아름답다'라는 콘셉트는 자신의 일로서 연결시키기 쉽고, 게다가 일본인 여성의 '미의 내셔널리즘'을 눈뜨게 하는 의미에서, 사회적인 메시지도 포함하고 있다.

또한, 이미지 캐릭터에는, 할리우드 여배우들에게 충분히 대응할 수 있는 일본의 톱스타 6명을 동시에 기용. 프레스 발표도, 당시 막 오픈한 오모테산도 힐즈에 레드카펫을 깔고, 패션쇼와 같이 연출하여 이루어졌다. 그 결과, 많은 미디어에 메가 캠페인으로서 보도되어, 타깃인 여성뿐만 아니라, 남성과 매스컴, 유통 등, 폭넓은 층에서 사회적인 평판형성(*Reputation*)에 성공했다.

다면적인 캠페인 전개도 성공의 한 요인이 되었다. SMAP가 부르는 노래를 배경으로, 일본의 톱스타가 머리를 찰랑이며 걸어가는 TV광고가 방영되는 한편, 점포에서는 이미지 컬러 레드를 사용한 대형 진열대가 설치되었다. 이 점포 진열대 자체도, 언드 미디어로서 평판형성(*Reputation*)에 기여하고 있다. 또한, 세련된 빨간 패키지는 그 자체가 자사 미디어로서 욕실을 장식했다. 그 뒤에도, 일본의 여성을 테마로 한 TV 프로그램과 무가지, 출판물과의 협업, 영화 〈플라워즈〉(*FLWOERS*)의 특별협찬 등을 통하여, 일본의 여성을 응원하는 관계구축형의 커뮤니케이션을 실시했다(*Relationship*).

RESULT

캠페인의 성과/실적

런칭 당시의 퍼블리시티 노출량은, TV만으로 약 40분(도쿄, ADK 조사). 닛케이 텔레컴 21 조사데이터(2006년 4월 28일)에는, 판매 점유율 4위였던 시세이도가 TSUBAKI 발매 후에 점유율을 높여, 28.9%로 톱(3월 27일 주)을 획득.

File NO.05

SNS 내에서 유저가 놀고, 연결되는 장치를 제공한다

후지중공업 · SUBARU '마이 믹시 GP'

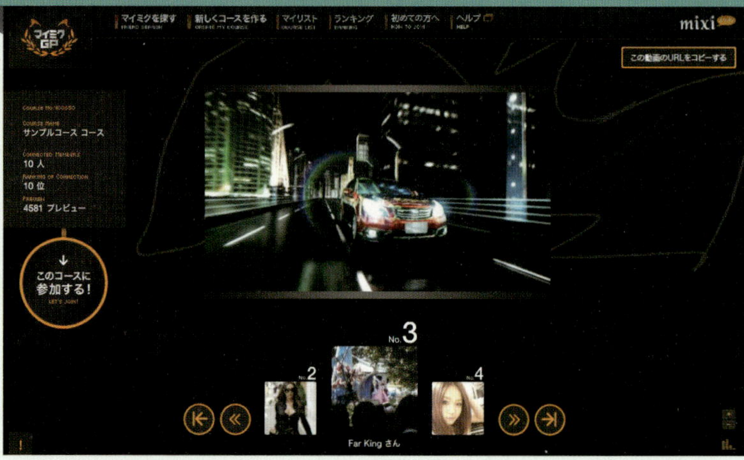

캠페인 개요

기업명 · 상품명

후지중공업 / SUBARU OUTBACK

실시

2009년 7월~9월

배경 · 과제

일본의 젊은 사람들이 자동차에 대한 관심이 현저하게 줄어들고 있는 가운데, 기존의 TV광고를 중심으로 한 광고형식으로는 SUBARU OUTBACK의 타깃인 20~30대에게 어필은 어려움.

인사이트 · 핵심 아이디어

SUBARU OUTBACK을 젊은 사람들에게 가까운 존재로서 느끼게 하기 위해서는, 일본 최대의 SNS 'mixi'를 활용하여 처음으로 유저를 끌어들이는 게임을 제공.

전개 아이디어

mixi를 무대로, 친구(마이미쿠)와 친구(마이미쿠)를 하나의 선으로 묶어 코스를 만들어, 가장 긴 팀이 우승하는 게임을 전개. '친구를 어디까지 연결시킬 수 있는가'를 콘셉트로, 놀면서 바이럴이 넓어지는 콘텐츠로서 전개하였다.

자사 미디어를 중심으로 관계구축과 동시에 평판 획득

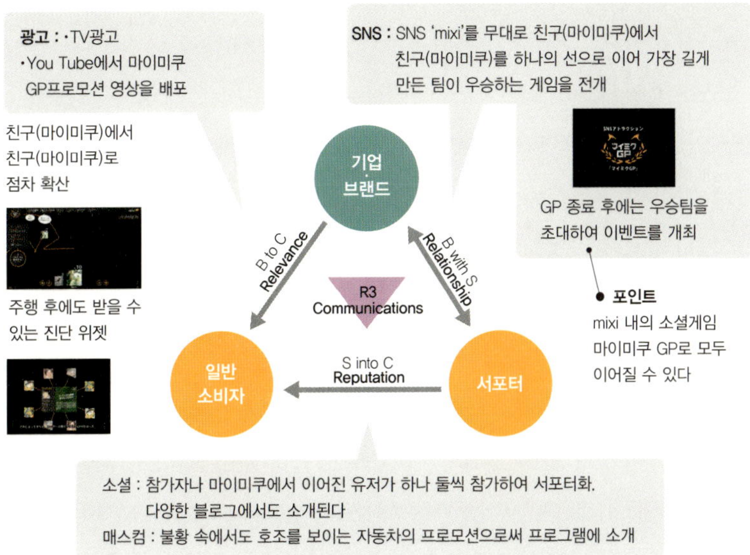

'SUBARU OUTBACK'의 발매에 있어, 자동차에 대한 관심이 현저하게 저하되고, 게다가 기존의 TV광고의 효과가 적다고 보이는 20~30대 타깃층에게 어프로치하는 것이 과제였다. 기존의 매스미디어에서 도달할 수 없다면, '타깃이 모이는 장소에 기업 측이 나가서, 유저와 커뮤니케이션을 도모한다'라는 발상으로부터, 일본 최대의 SNS인 mixi 내에서 프로모션을 실시.

mixi 내에 설치한 공식 어카운트에서는, '친구를 어디까지 연결할 수 있을까'를 콘셉트로 프로모션을 실시. 구체적으로는 친구(마이미쿠)와 친구(마이미쿠)를 하나의 선으로 묶어, 가장 긴 팀이 우승하는 게임이다.

유저가 그린 선이 가상의 코스로 CG로 재현되어, OUTBACK이 질주

하는 영상이 펼쳐진다. 이러한 참가형의 콘텐츠를 제공함으로써, '시내에서도 오프로드(*Off-Road*)를 즐길 수 있다'라는 OUTBACK의 세계관을 체험해 보는 것을 의도하고 있다(*Relationship*).

또한, 마이미쿠로부터 마이미쿠에 선이 연결되는 릴레이 형식의 그랑프리를 구성함으로써, 참가자가 계속 늘어, 바이럴이 넓혀지는 장치를 만들었다(*Reputation*). 그 결과, 참가자의 20%가 mixi 내의 블로그 기사에서 이 캠페인을 언급한 것 외에도, TV 정보프로그램에도 나오기 시작하는 등, 언드 미디어에서 정보확산과 추천이 발생했다(*Reputation*).

게다가 그랑프리가 종료한 후에는, 우승팀을 초대하여 이벤트를 개최. 오프라인에서 팬과 유대의 장소가 되었다(*Relationship*).

SNS 중에서 자사 미디어를 설치하여, 거기에서 유저들이 놀고, 연결되는 장치를 제공하여, 핵심 타깃뿐만 아니라, 주변의 일반 소비자에게도 평판을 확산시키는 것에 성공했다.

RESULT

캠페인의 성과/실적

참가자 수 35만 명, 액세스 수 140만 페이지뷰. 또, 자동차를 전면적으로 내세우지 않는 인터페이스임에도 불구하고, OUTBACK의 매력도, 구매검토도는 함께 10% 이상 상승해서, 매출이 전년비 151% 달성하였다.

참가자를 가시화하여, 네트워크하다

HOYA · 120colors 캠페인

캠페인 개요

기업명 · 상품명

HOYA / 펜탁스(Pentax) K-r

실시

2010년 9월~

배경 · 과제

DSLR 부문에서, 압도적인 점유율과 광고량을 자랑하는 경쟁사에 대하여 브랜드의 존재감을 보여주는 것이 과제.

인사이트 · 핵심 아이디어

액세서리처럼 가지고 다닐 수 있는 컬러풀한 카메라가 갖고 싶다라는 니즈을 충족시키기 위해 120색의 컬러 바리에이션을 갖춘 신상품을 발매. '120색 디지털 카메라'를 축으로 종합적인 커뮤니케이션을 전개한다.

전개 아이디어

브랜드 사이트에서 자신의 취향에 맞는 카메라를 만드는 유사체험과 같은 색을 고른 사람들과 유사 커뮤니티 체험을 할 수 있는 장소를 제공하여, 트위터에 화제 확산을 유도한다.

자사 미디이어와 언드 미디어와의 연계로 관계구축과 동시에 평판 획득

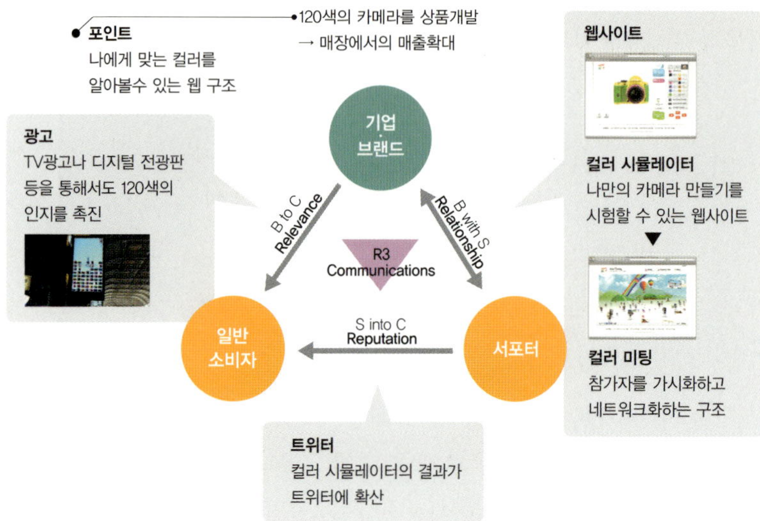

'K-r'은 기존의 검은색뿐만 아니라, 12개의 보디컬러, 10개의 손잡이(글립) 컬러로부터 좋아하는 색을 골라서, 자신만의 카메라를 주문할 수 있는 DSLR 카메라이다. 발매에 앞서, 같은 분야에서 압도적인 점유율과 광고량을 자랑하는 경쟁사에 대하여 브랜드의 존재감을 보여주기 위해, '120색의 디지털 카메라'라는 콘셉트를 축으로 종합적인 커뮤니케이션을 전개하였다.

커뮤니케이션의 중심이 된 것은, 브랜드 사이트에 개설된 '컬러 시뮬레이터'. 여기에서 유저는 자신이 좋아하는 색을 골라서, 카메라를 만드는 유사체험을 할 수 있다(*Relevance*).

또한, 시뮬레이션한 오리지널 컬러의 카메라를 트위터에서 트윗하면, 같은 색을 고른 유저들이 모이는 유사 커뮤니티 '컬러 미팅'에 참여할 수 있는 흐름을 구축(*Relationship*).

다른 참가자의 아이콘을 클릭하면, 그 유저의 트윗과 그 색을 고른 이유를 읽을 수 있게 되어 있다(*Reputation*).

상품 구입자의 커뮤니티 사이트는 드물지는 않지만, 이 사이트가 특징적인 것은, 상품에 흥미를 가지고, 시험해 보고 싶다고 생각하는 미구입자를 가시화, 네트워크화시킨 점이다. '이 색이 좋다'라는 서로의 트윗을 교환함으로써 상품에 대한 흥미와 구매의욕을 높일 수 있다고 기대된다. 게다가, 컬러 시뮬레이터의 결과가 트윗에서 확산됨으로, 언드 미디어에서 입에서 입으로 전해지는 소문이 확산되는 구조로 되어 있다(*Reputation*).

컬러 시뮬레이터에 유도하기 위해서, TV광고와 디지털 사이니지 등 유료 미디어를 중심으로, '120색의 디지털 카메라'로서 인지를 촉진시켰다(*Relevane*). 또한, 120색의 컬러 바리에이션을 전개함으로서, 유통 측의 기대감도 높아져, 점포 내의 매장 스페이스가 확대되었다(*Reputation*). 유통 측의 자발적인 추천을 효과적으로 끌어내었던 캠페인이다.

RESULT

캠페인의 성과/실적

캠페인 사이트에 4개월에 40만 히트 이상의 액세스를 획득.

File NO.07

납득할 수 있는 콘텐츠로 에코(Eco)를 자신의 일처럼 느끼게 한다

미쓰이부동산 레지덴셜 · SET&NAT 셋토 군(설득)과 낫토 군(납득)

캠페인 개요

기업명 · 상품명

미쓰이부동산 레지덴셜 / 미쓰이부동산그룹

실시

2010년 11월~2011년 4월

배경 · 과제

환경에 대한 활동으로서 웹사이트에 환경친화적인 삶의 제안 등을 해왔지만, 에코를 자신의 일처럼 느끼게 하여, 행동으로 연결시키게 하기 위해, 보다 유저에게 깨달음을 느끼게 하기 위한 콘텐츠가 필요하였다.

인사이트 · 핵심 아이디어

'시점을 바꿈으로써 환경친화적인 삶을 즐거운 행위로서 받아들이게 하자'라는 콘셉트을 축으로, '설득'과 '납득'을 모티브로 한 캐릭터에 의한 대화를 기획.

전개 아이디어

FM 라디오에서 매일 1분간 콩트프로그램을 방송. 웹사이트에서 에코에 관한 기획과 아이디어를 모집하여, 유저와 함께 프로그램을 만들어 나가는 구조를 구축했다. 트위터에서 캐릭터 어카운트를 만들어 팬과 소통하고, 찬동자들을 초대하여 미팅 이벤트도 개최.

유료 미디어와 자사 미디어와의 연계로 관계구축을 강화

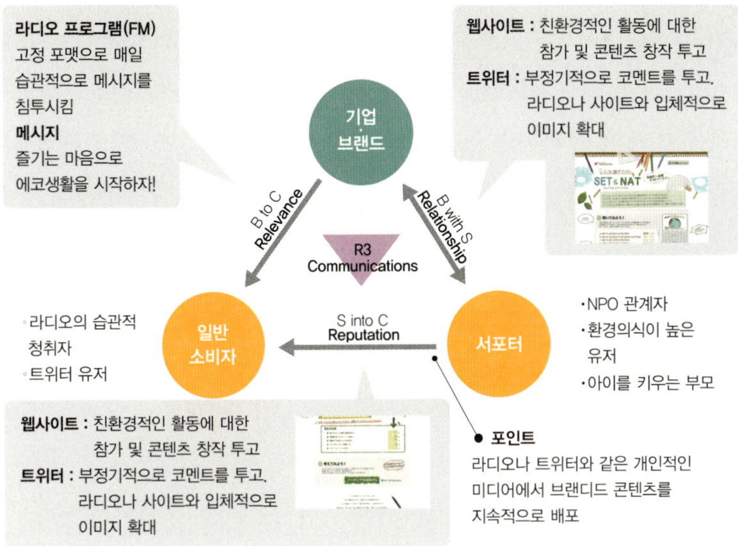

미쓰이부동산 레지덴셜은 환경을 배려한 거리 만들기를 진행함과 동시에, 거기에서 사는 사람의 환경친화적인 삶의 자세도 제안해왔다. 그러나 환경친화적인 삶의 중요성을 소구하는 것만으로는 실제로 행동에 반영하지 않는다는 과제가 있었기 때문에, 재미가 있는 콘텐츠를 제공하여, 환경친화적인 삶을 자신의 일처럼 느끼고 행동에 옮기게 할 수 있는 시책을 실시했다.

커뮤니케이션의 핵심은 라디오 프로그램과 트위터. 먼저, 환경친화적인 삶에 관하여 유저가 자신의 일처럼 느끼는 계기가 될 수 있는 브랜드 콘텐츠를, 라디오 프로그램(*Paid Media*)으로 제공했다. 구체적으로는, 설득과 납득을 모티브로 한 이미지 캐릭터 '셋토 군과 낫토 군'이 타깃 자신의 생활에 받아들이고 싶은 에피소드를 중심으로 1분간 콩트를 매일 방송. 습관적인 라디오 청취자를 중심으로 메시지를 침투시켜 갔다(*Relevance*).

또한, 라디오 프로그램과 연동하여, 자사 미디어를 활용한 서포터 육성도 실시. 프로그램 웹사이트에서 모집한 에코 아이디어를 콩트에 접목시키거나, 트위터의 프로그램 공식 어카운트로부터 환경친화적인 활동에 참가를 유도하기도 하였다. 그 결과, 팬과 환경의식이 높은 청취자 사이에서, 같이 라디오 프로그램을 만들고, 기업이 제기한 테마에 대하여 에코 무브먼트(*Eco Movement*)를 북돋우려는 협동작업이 생기기 시작했다(*Relationship*).

이러한 서포터들과의 주고받음이 일반 소비자에게 가시화되어, 더더욱 서포터가 자신들의 환경친화적인 행동을 트위터에서 트윗하여, 언드 미디어를 통한 평판(*Reputation*)이 일반 소비자 사이에서 퍼졌다.

RESULT

캠페인의 성과/실적

청취자의 3%에 상당하는, 1일 5천~6천 건의 사이트 액세스를 유지. 콘텐츠 제작에 대한 투고도 수십 통 모여서, 실제 콘텐츠에도 채용되었다.

도시에서 일하는 여성에게 '비타민'으로 브랜드 소구

야마나시현 · '비타민 야마나시, 나의 주말 아름다움 충전' 캠페인

PR JOURNAL

ターゲットは都会で働く女性
彼女たちに響く"ビタミン"をPR

Region

사진 제공 협력 : 월간 〈광보회의〉 2010년 8월호에서 전재.

캠페인 개요

기업명 · 상품명

야마나시현 /

비타민 야마나시(야마나시현 이미지 업)

실시

2010년 6월~8월

배경 · 과제

브랜드 구축에 연결되는 정보발신이 되어 있지 않기 때문에 기존의 관광으로부터 벗어나지 못하고, 젊은층의 야마나시현에 대한 이미지가 희박해졌다. 특히 경제력, 정보 발신력이 있는 30~40대 여성에게 야마나시의 가치를 발신하여, 브랜드화를 추진하는 것이 과제.

인사이트 · 핵심 아이디어

도쿄권에서 일하는 여성을 타깃으로 좁혀, 타깃의 니즈인 '미, 건강, 힐링'에 따른 스토리로 야마나시의 매력을 발신, 브랜드화를 추진한다.

전개 아이디어

야마나시현의 매력을 26개의 '비타민 야마나시 A~Z'로서 비주얼화시켜, 캠페인 사이트에서 자신에게 맞는 여행플랜을 알 수 있는 '나의 주말 아름다움 충전진단'을 전개. 진단을 받는 사람이 여행에 당첨되는 오픈 캠페인에도 응모할 수 있도록 하여, 실제로 체험하는 것까지 연결시킨다.

언드 미디어로부터 자사 미디어로 유도하여 관계구축을 강화

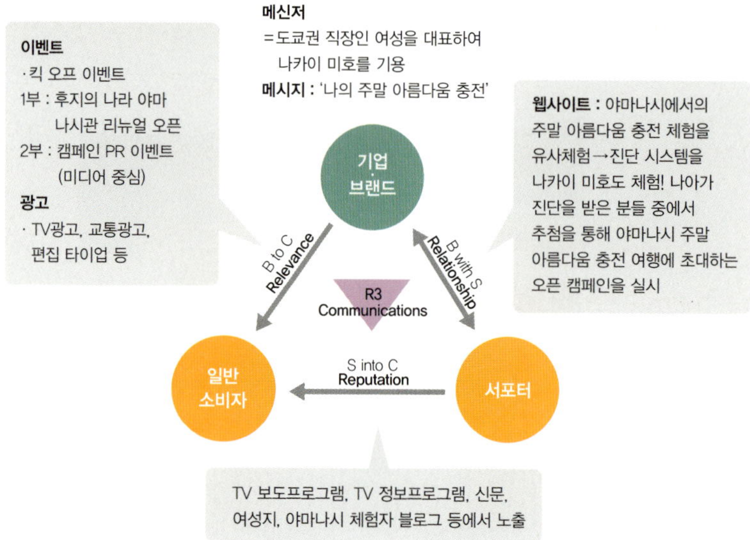

야마나시현은 풍부한 관광자원의 혜택을 받고 있음에도 불구하고, 과거에 타깃을 명확하게 한 이미지 업 시책을 실시하지 않아, '야마나시 브랜드' 구축에 연결되는 정보발신이 되어 있지 않았다. 특히, 젊은층은 야마나시에 대한 이미지가 희박해져서, 경제력, 정보 발신력이 있는 30~40대 여성을 타깃으로 설정. 타깃 니즈에 따른 스토리로 야마나시의 브랜드화를 추진하는 것이 과제였다.

거기에서, 중장기를 바라보는 PR캠페인의 타이틀로서, 타깃 니즈이기도 한 '미, 건강, 힐링'을 '나의 인생에 비타민 야마나시'라고 하는 콘셉트로 새롭게 전환 설정하였다. 야마나시현의 관광자원을 26개의 비타민으로 옮겨 생각한, '비타민 야마나시 A~Z'로서 비주얼화하였다(예: A=AQUA).

게다가, 타깃이 자신의 일처럼 느끼게 하기 위하여, '나의 주말 아름다움 충전' 캠페인을 전개.

먼저, 메신저로서 나카이 미호[中井美穗] 씨를 기용하여, 캠페인 사이트에 '주말 아름다움 충전여행'의 체험기를 게재. 유저가 자신에게 맞는 비타민의 조합(=여행플랜)을 알 수 있도록 콘텐츠 '나의 주말 아름다움 충전진단'을 개설하여, 진찰을 받는 사람은 '주말 아름다움 충전여행'이 당첨되는 소비자 캠페인에 응모할 수 있도록 하였다(*Relationship*). 이 콘텐츠에서는 진단결과와 함께, 야마나시현 출신의 작가 하야시 마리코[林眞理子] 씨의 '미의 격언'이 표시되어, 입소문과 SNS로 정보발신 환기를 유도하였다.

동시에 역이나 잡지 등, 타깃과 접점을 가지고 있는 유료 미디어도 활용(*Relevance*)한 결과, 많은 언드 미디어에 비타민 야마나시 A~Z의 소재가 소개되었다(*Reputation*).

유료 미디어, 언드 미디어로 야마나시 브랜드의 혜택을 '나의 주말 아름다움 충전'으로서 소구하고, 자사 미디어에서 체험을 촉진하여, 핵심 타깃과의 관계를 구축. 또한, 주말 여행플랜을 웹사이트에서 시뮬레이션함으로써, 야마나시현을 '주말에 가볍게 갈 수 있는 아름다운 여행지'라는 인상을 심어주는 데 성공했다.

RESULT

캠페인의 성과/실적

퍼블리시티의 광고환산 약 16억 엔. 도쿄권 30~40대 여성의 야마나시현 방문의향은 전국 제6위(84.3포인트)가 되어, 2008년의 15위(73.7포인트)로부터 9위 상승(닛케이리서치 '2010년도판 지역 브랜드전략 서베이'에서).

입술을 사회적인 관심사로 만든다

로토제약 · I want Chu! 키스하고 싶어지는 입술 콘테스트

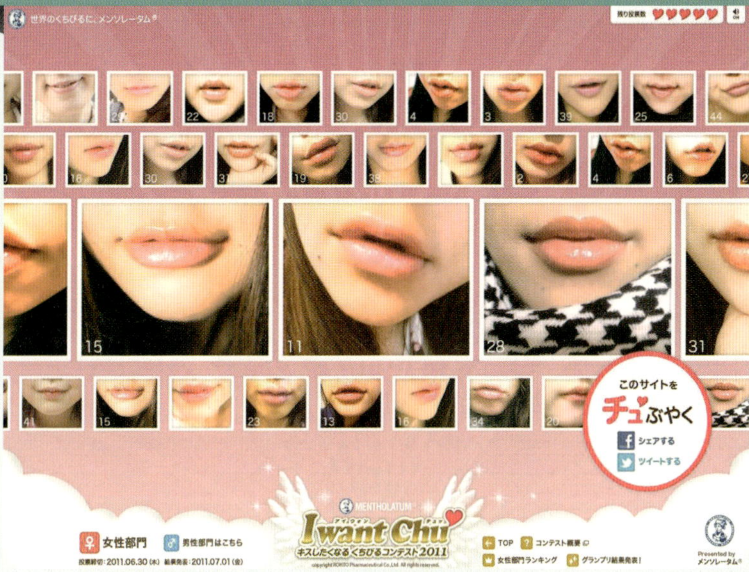

캠페인 개요

기업명 · 상품명

로토제약 / 멘소레담

실시

2010년 2월~3월

2011년 5월~7월

배경 · 과제

TV광고와 점포를 중심으로 마케팅 커뮤니케이션을 실시해왔지만, 다양화하는 유저와의 접점에 대응할 필요성이 높아졌다. 그래서 소셜미디어에서 존재감을 형성하기 위해, 참가형 캠페인을 기획.

인사이트 · 핵심 아이디어

립크림은 저관여의 일용품이기 때문에, 상품의 도메인인 '입술' 자체에 초점을 맞추어, 입술의 매력을 깨닫고, 미의식의 공유를 기대할 수 있는 유니버설한 플랫폼을 구축.

전개 아이디어

'입술 콘테스트'를 실시. 프리 퍼블리시티를 기점으로, 입술 이미지의 응모를 모아 50명의 파이널리스트를 선출. 거기에서 자기가 투표하고 싶은 입술을 선택해서 'Chu윗(Chu-itt)하기' 버튼으로 트위터 투고. 소재도 소재의 확산도 모두 유저에게 맡기는 방법으로 전개했다. 우승자에게는 상금, 상품과 광고모델로서 출연기회도 주어졌다.

언드 미디어에서의 관계구축을 통해 평판 획득

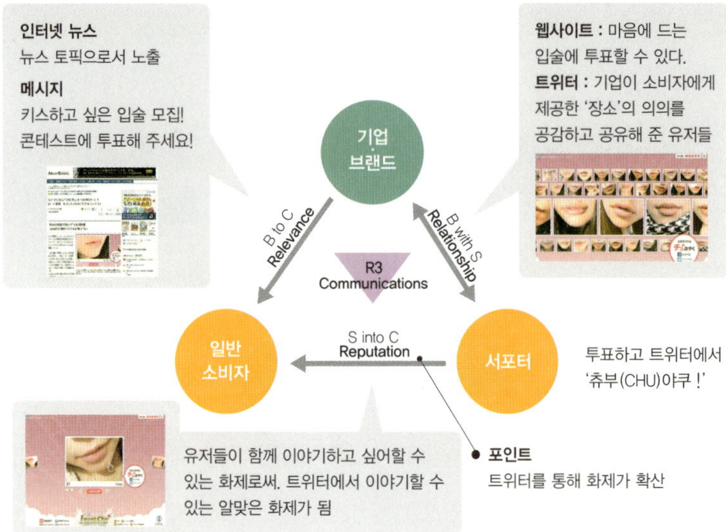

'멘소레담'은 카테고리의 대명사라고 할 수 있을 만큼 인지도가 높은 브랜드이지만, 일용품으로서 커머디티화되었다. 유저와의 접점이 다양화하는 중, 기존과 같은 TV광고나 점포소구뿐만 아니라, 소셜미디어에서 소비자가 참가할 수 있는 플랫폼을 구축할 필요가 있었다.

그래서 상품이 아닌 '입술' 자체에 초점을 맞추어, 입술의 매력을 깨닫거나 미의식의 공유를 기대할 수 있는 구조를 만들어, 결과적으로 립크림에 대한 관심이 높아질 수 있는 커뮤니케이션을 목표로 하였다.

'키스하고 싶어지는 입술 콘테스트'의 실시에서 입술의 응모 고지를 인터넷 뉴스 등에 뉴스토픽으로서 노출. 언드 미디어를 서포터화하여 (*Relationship*), 유저에게 고지를 도모한 결과(*Reputation*), 대량의 입술 사진이 모였다.

콘테스트 실시에서는 자사 미디어상에 캠페인 사이트를 개설. 응모자로부터 선정된 50명의 입술로부터 투표자 한 사람당 5표씩 투표하면(*Relationship*), 'Chu-itt' 버튼을 사용하여 트위터에 투고할 수 있도록 하였다(*Reputation*). 50개의 입술이 동시에 진열되어 있는 임팩트와 입술에 투고한다는 재미가 있어 트위터상에서 화제성 있는 소재로 소문이 퍼졌다. 그리고 TV나 신문을 포함한 폭넓은 언드 미디어에서도 많이 다루어졌다(*Reputation*).

고지단계에서 '우승자에게는 상금, 상품과 광고모델로서의 출연기회가 생긴다'라고 해서 '나도 스타가 될 수 있다'라는 기대감을 조성하였다. 더 나아가 유저간에 얘기하고 싶어지는 유니크한 콘테스트를 제공한 것 자체가 언드 미디어에서의 평판(*Reputation*)을 획득하는 데 크게 도움이 되었다. 콘테스트가 끝나고도 캠페인 사이트에의 접속은 끊이지 않고 있어 유저와의 관계성 구축에 크게 공헌하고 있다.

RESULT

캠페인 성과/실적

340만 PV, 58만 가까운 Unique User가 사이트를 방문하였고, 전국지, 지상파 TV로부터의 취재요청이 들어오는 등 사회적인 관심사가 되었다.

해외사례

No.1
이케아
(IKEA)

No.2
피앤지
(P&G)

No.3
베스트바이
(BEST BUY)

No.4
폭스바겐
(Volkswagen)

No.5
마이크로소프트
(Microsoft)Jay-Z

해외 최신사례로 살펴보는 향후 기업과 소비자의 관계

해외에서 성공한 사례도 R3 커뮤니케이션의 시점에서 설명할 수 있는 것이 많다.

여기서는 세계를 대표하는 광고상 중의 하나인 '칸 라이온즈'[1]에서 2010년, 2011년에 높은 평가를 받은 작품 중에서 소개하고자 한다. 최근에는 칸 라이온즈에서도 커뮤니케이션 디자인이 주목을 받고 있으며, 개별적인 집행보다도 매스광고나 평판(*Reputation*)을 포함한 통합적인 캠페인에 평가가 모아지기 때문이다.

실제 사례를 담당한 크리에이터와의 인터뷰, 또 해외의 저명한 크리에이터가 말하는 사례에 대한 해설도 함께 소개한다.

[1] 2010년까지 칸 국제광고제(정식명칭: International Advertising Festival)였으나, 2011년부터 광고라는 단어를 빼고 International Festival of Creativity가 되었고, 일본에서의 정식명칭도 그에 맞추어 칸 라이온즈 국제 크리에이티비티 페스티벌(통칭: 칸 라이온즈)이 되었다. 종래 광고의 정의에 얽매이지 않고, 마케팅 커뮤니케이션에서의 창의성, 상상력을 겨루는 장이라는 것을 분명히 했다는 점에서 화제가 되었다.

페이스북의 태그 달기로 입소문을 만들어낸다

이케아(IKEA) · 페이스북(*facebook*) 쇼룸 캠페인

Cannes Lions, Titanium 부문 금상(2010)

캠페인 개요

기업명 · 캠페인명

이케아 / 페이스북 쇼룸

실시

2009년 10월~

배경 · 과제

이케아 Malmo점(스웨덴)의 오픈에 맞춰 신규 점포의 인지도를 향상시키고 화제를 환기한다.

인사이트 · 핵심 아이디어

페이스북의 기존 기능(태그)을 사용해 열람자가 자발적으로 입소문을 퍼트릴 수 있는 구조를 만든다.

전개 아이디어

페이스북에 쇼룸 사진을 올리고 유저는 사진 속에 있는 가구 중에서 마음에 드는 가구에 태그를 단다. 가장 먼저 태그를 단 사람이 그 가구를 받게 되는 구조.

유료 미디어를 기점으로 평판획득 후, 자사 미디어와 언드 미디어를 연계하여 관계구축을 강화

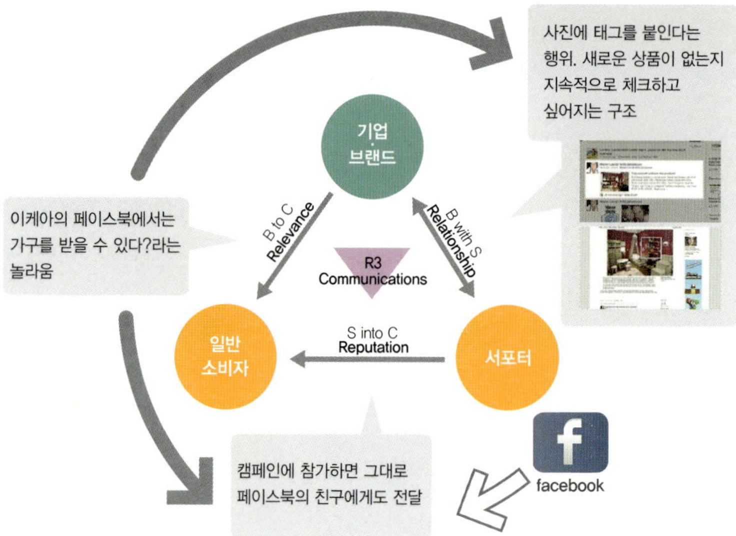

이케아 Malmo점 오픈과 함께 신규 점포의 인지도 향상과 화제환기를 목적으로 페이스북을 활용한 프로모션을 실시했다. 페이스북의 쌍방향성을 이용한 경품 이벤트로 참가자의 동기를 자극하고 태그기능을 이용해 효과적으로 입소문을 만들어내는 구조를 구축, 캠페인 참가자 이외에도 평판이 널리 확산되는 것을 노렸다(*Reputation*).

구체적으로는 이케아 Malmo의 점장이 페이스북 유저로 등록해 프로필 페이지에 쇼룸 사진을 게시했다. 열람자는 사진 안에 있는 가구 중에서 마음에 든 가구에 자신의 이름을 태그하는 것이 가능하여, 가장 먼저 태그한 유저가 그 가구를 받게 되는 내용이다. 쇼룸의 사진이 게시될 때마다 가장 먼저 태그를 달아 가구를 받고 싶은 사람들이 일제히 프로필 페이지를 방문하여, 브랜드 접촉도를 높였다

(*Relationship*).

또한 태그기능의 구조상, 태그한 사람의 페이스북과 연결되어 있는 사람에게도 이 캠페인의 내용이 순식간에 알려져, 자연스럽게 버즈(*buzz*)가 발생한다. 더욱이, 사진의 게시빈도를 늘려달라는 요청이 계속해서 들어와 뉴스피드나 링크를 통해 페이스북 내에 화제가 퍼져나갔다(*Reputation*).

성공의 포인트로서는, 소셜미디어의 특징을 캠페인의 핵심으로 두고, 평판을 형성하기 쉬운 구조와 소비자의 동기부여가 제대로 기능한 것을 들 수 있다. 소비자와 브랜드의 쌍방향에서 윈윈관계가 구축된 이 캠페인은, 뛰어난 마케팅 방법으로서 트위터나 미디어에서 널리 알려져, 본토(스웨덴)의 신규 점포뿐만 아니라, 세계적으로 이케아의 지명도를 높이는 효과를 냈다(*Reputation*).

RESULT

캠페인 성과/실적

본토인 스웨덴에서뿐만이 아닌 다방면으로 주목을 받아, 이케아의 지명도 상승효과를 가져다주었다.

유저의 목소리에 Direct Response로 화제 만발

P&G · 올드 스파이스 캠페인

Cannes Lions, Film 부문 그랑프리(2010), Cyber 부문 금상(2011)

캠페인 개요

기업명 · 캠페인명

P&G / 올드 스파이스 캠페인

실시

2010년 2월~

배경 · 과제

여성제품을 공용으로 사용하는 경우가 많은 보디워시 시장에서 남성용 상품의 사용촉진.

인사이트 · 핵심 아이디어

광고의 남자 주인공 무스타파와의 직접적인 상호대화를 통해 버즈를 발생시킨다.

전개 아이디어

트위터 멘션, 페이스북의 게시글, 유튜브의 댓글 등과 같은 유저들의 목소리에 대해 리얼타임 동영상으로 응답한다.

자사 미디어와 언드 미디어와의 연계로 관계구축과 동시에 평판 획득

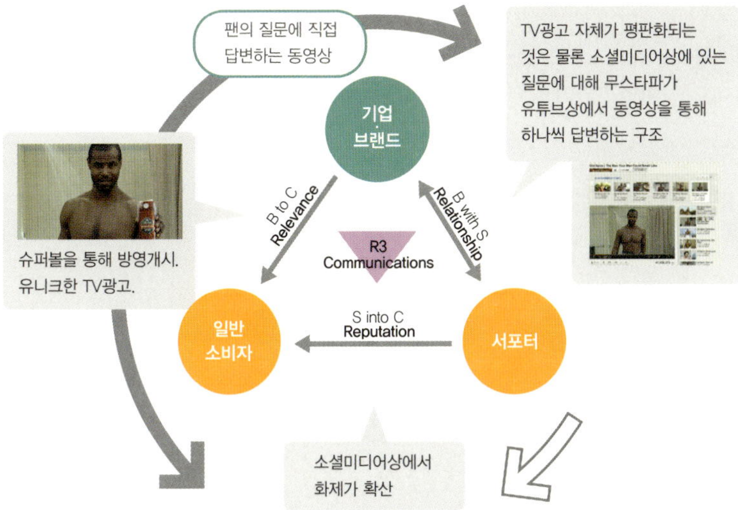

올드 스파이스는 전 풋볼 선수이자 현재는 배우인 무스타파를 메인 캐릭터(올드 스파이스 가이)로 기용한 TV광고가 화제가 된 것을 토대로 캠페인의 확충을 도모하고자 했다. 무스타파의 절대적인 인기를 이용해 그의 팬층과의 직접적인 상호대화을 통한 버즈를 노린 리스폰스(*Response*) 캠페인을 실시했다.

캠페인 시작 후 3일간 공식 트위터 계정에 올라오는 팔로워의 멘션, 페이스북의 게시글 등 여러 팬들로부터의 목소리를 모아, 그 질문 하나하나에 무스타파가 직접 대답하는 코멘트 영상을 제작, 리얼타임으로 유튜브에 업로드 해나갔다. 그 수는 약 180개에 달한다. 이것을 재미있게 여긴 팔로워의 트윗이 가속되자 소셜미디어상에서 화제가 되었다.

성공 포인트는, 기업이 유저에게 개별적이고 인터랙티브한 접근을 취한 것에 있다. 유저의 목소리에 개별적인 반응을 돌려주는 것으로, 브랜드와 유저의 원 투 원 관계성을 강하게 남겼다(*Relationship*). 소셜 미디어상에서의 이러한 상호대화는 자연스럽게 다른 유저에게도 가시화된다(*Reputation*).

또한 질 높은 크리에이티브와 스피디한 반응도 유저의 호감도를 높여 화제로서 널리 확산되는 큰 요인이 되었다.

그 결과, 온라인 영상은 캠페인 첫날에 약 6백만 뷰를 기록했다. 이것은 오바마 대통령의 승리선언 스피치보다도 많은 것이다. 또 캠페인 3일간의 누계가 2천만 뷰를 돌파하는 등, 과거 유례없는 성공한 소셜 미디어 캠페인으로 알려졌다.

RESULT

캠페인 성과/실적

캠페인 론칭 후, 6개월 만에 전년 동월 대비 매출 127% 성장을 기록했고, 마지막 3개월간 매출이 55% 올랐다. 남성용 보디워시의 넘버 원 브랜드로써 지위를 확립했다.

고객과 종업원의 커뮤니케이션을 가시화하다

베스트바이(BEST BUY) · TWELPFORCE 캠페인

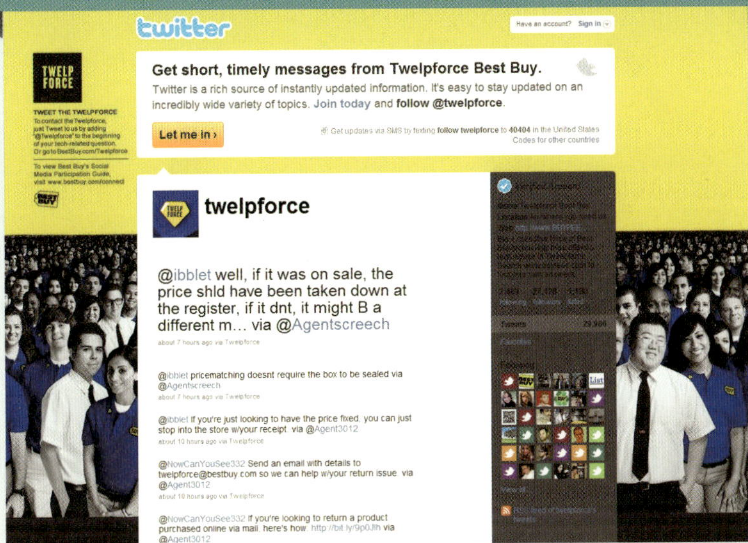

Cannes Lions, Titanium 부문 그랑프리(2010)

캠페인 개요

기업명 · 캠페인명

베스트바이 / TWELPFORCE

실시

2009년 7월~

배경 · 과제

베스트바이에는 원래부터 고객에게 헌신적인 우수한 스태프가 존재했지만, 고객과의 접점은 매장 내에 제한되어 있었다.

인사이트 · 핵심 아이디어

우수한 스태프에 의한 컨설팅서비스를 광범위하게 오픈된 플랫폼상에서 전개해 베스트바이로의 집객을 유도한다.

전개 아이디어

트위터상에서 유저가 던진 가전제품에 관한 질문에 베스트바이의 2천 명 이상의 종업원이 직접 응답. '질문하는 일반 고객'과 '전문적이고 친절한 종업원'과의 커뮤니케이션을 트위터상에서 가시화한다.

자사 미디어와 언드 미디어와의 연계를 통해 관계구축과 동시에 평판 획득

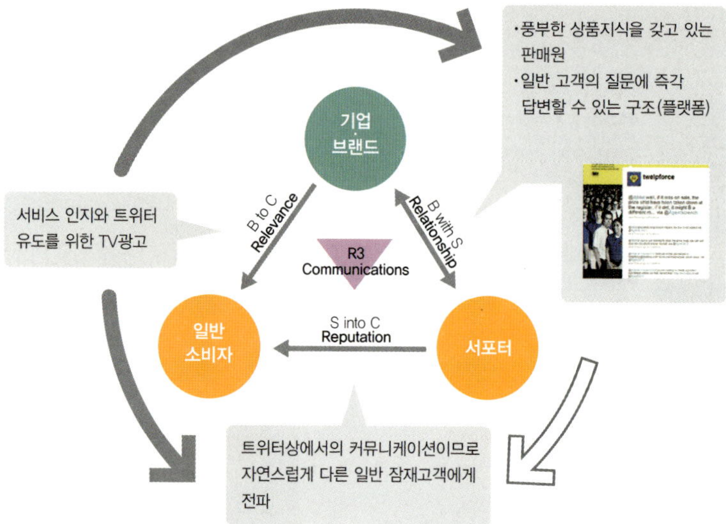

미국의 대형 가전양판점인 베스트바이에는 원래부터 '블루셔츠'(매장판매원)나 '긱스쿼드'(*Geek Squad*, 매장기술지원부대)라는 우수한 스태프가 존재해 그들의 풍부한 상품지식과 컨설팅 능력이 방문객들로부터 높은 평가를 받았다. 매장에 한정된 그들의 고객서비스를 오픈된 플랫폼에서 전개해 보다 많은 집객을 유도하기 위해 실시된 것이 'TWELPFORCE 캠페인'이다.

목표한 것은 '질문하는 일반고객'과 '전문적이고 친절한 종업원'과의 커뮤니케이션을 트위터상에서 가시화하는 것에 의해 고객만족도가 높다는 베스트바이의 브랜드 이미지를 일반소비자에게 확산시켜 나가는 평판형성(*Reputation*)형의 커뮤니케이션이다.

공식 트위터 계정을 개설하고, 유저로부터 날아온 가전제품에 관한 질문에 CEO를 포함 2천 명 이상의 종업원이 곧바로 응답하는 것으로, 24시간 대응의 거대한 상담창구를 출현시켰다(*Relationship*). 기업 미디어상에서의 커뮤니케이션은 자연스럽게 다른 일반 잠재고객에게도 전파되어 평판형성으로 이어졌다.

캠페인을 인지시키고 트위터로 유도하는 데에는 TV광고를 활용했다. 그 내용은 경기장 정중앙에 선 고객대표가 스탠드를 가득 메운 베스트바이의 종업원에게 가전제품에 대해 질문하고, 지명된 종업원이 질문에 대답하는 것이었다. 이것은 트위터상의 커뮤니케이션을 훌륭하게 시각화하고 캠페인 인지와 흥미환기에 공헌했다(*Relevance*).

이 캠페인은 큰 화제가 되어 2010년 칸 국제광고제에서 그랑프리를 수상했다. 환대(*Hospitality*) 넘치는 베스트바이의 태도가 실제 질문자에 그치지 않고 일반 소비자에게도 널리 전해졌고 누구라도 그 순간에 캠페인에 참여할 수 있는 인터랙티브성이 호평받은 것이라고 생각된다.

RESULT

캠페인 성과/실적

첫해에는 고객의 클레임이 약 20% 감소
브랜드 이미지 향상

File NO.04

환경에 좋은 일을 재미있게 하는 아이디어 전파

폭스바겐(Volkswagen) · The Fun Theory

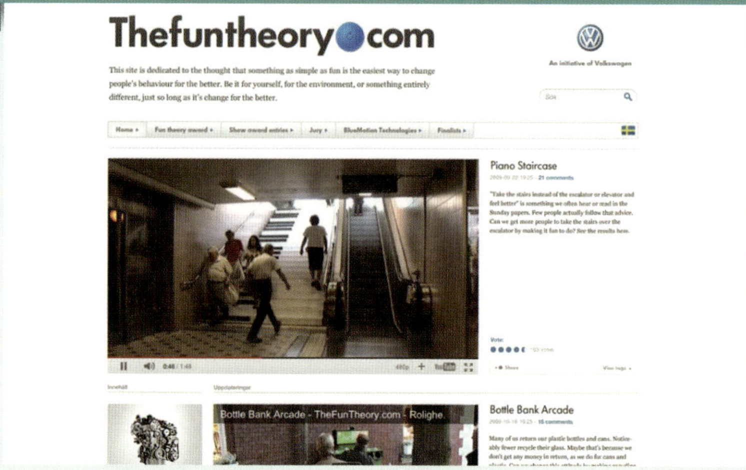

Cannes Lions: Cyber 부문 그랑프리(2010), Cyber 부문 금상(2011)

캠페인 개요

기업명 · 캠페인명

폭스바겐 / The Fun Theory

실시

2009년, 2010년

배경 · 과제

폭스바겐의 블루모션 테크놀로지는 연료소비와 CO_2 배출량을 대폭 저하시킨 환경기술을 총칭하는 것이다. 폭스바겐에게 주어진 과제는 테크놀로지 환경부하를 감소시키면서 달리는 즐거움을 누린다는 콘셉트를 소구함과 동시에 더 많은 사람들이 환경을 인식하도록 해야 하는 것이다.

인사이트 · 핵심 아이디어

'환경에 좋은 일을, 재미있는 일로 바꾸자'라는 슬로건 아래, 재미있기 때문에 환경에 좋은 행동을 하고 싶게 만드는 기발한 아이디어 장치를 만들어 실험하고 그 과정과 성과를 공개했다.

전개 아이디어

환경에 대한 사람들의 인식을 바꾸고 행동을 바꾸는 '재밌다!' 아이디어를 구현한 옥외광고(OOH)를 설치. 그 실험결과를 유튜브에 업로드했다. The Fun Theory award를 만들어, 아이디어를 모집하고 그 아이디어의 실험도 유튜브에 업로드해 모두에게 그 즐거움을 제안한다.

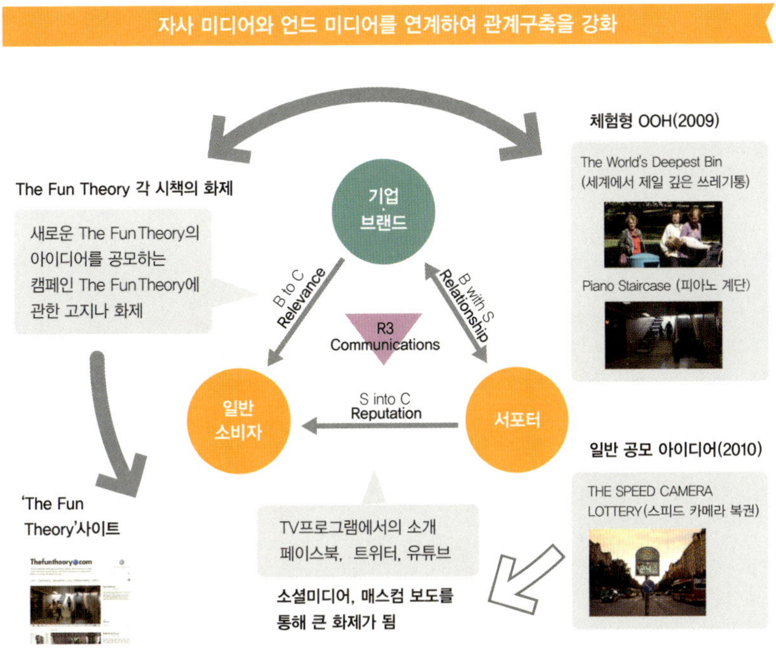

폭스바겐의 'The Fun Theory'는 '재미가 사람들이 좋은 행동을 하게끔 만드는 가장 간단한 방법'이라는 테마를 내걸고, '재미로 인해 사람도 환경도 좋아진다'라는 생각의 프로젝트이다.

'우리들은 사람들이 기분 좋게 행동을 개선할 수 있는 무엇인가를 만들 수 없을까?'라는 테마로, 웹사이트 'The Fun Theory.com'을 개설. 일상 속에서, 장난기 넘치는 장치를 가지고 실험한 동영상을 소개하고 있다.

예를 들어, 'Piano Staircase'는 에스컬레이터 옆의 계단을 피아노로 만든 실험. 그렇게 하면 많은 사람들이 에스컬레이터가 아닌 계단을 선택하게 되지는 않을까라는 생각이었다. 그리하여 스톡홀름의 어느

지하철역의 지상으로 나오는 계단을 피아노 건반으로 꾸미고, 계단을 오르면 바로 그 음계의 소리가 나도록 만들었다. 그러자 이제까지 거의 모든 사람들이 에스컬레이터를 택했던 장소에서 66% 이상의 사람들이 계단을 이용하게 되었다.

또는 'The World's Deepest Bin'. 세계에서 가장 깊은 쓰레기통이다. '쓰레기통에 쓰레기를 잘 버리는 일이 재미있을 수는 없을까?'라는 발상에서 시작되었다. 쓰레기를 버리면 아주 깊은 곳에 쓰레기가 떨어지는 것 같은 효과음이 나도록 만들었다. 그렇게 하는 것만으로 이 쓰레기통에는 하루 만에 72㎏이나 되는 쓰레기가 버려졌다. 근처의 보통 쓰레기통보다도 41㎏이나 많은 양이다.

그 후에도 폭스바겐은 일반인으로부터도 'The Fun Theory' 아이디어를 공모하는 'The Fun Theory award'를 개최해, 세계 35개 국가로부터 몇백 건의 아이디어가 모였다고 한다. 그렇게 뽑힌 아이디어가 'THE SPEED CAMERA LOTTERY'라는 아이디어이다. 이것은 속도위반을 감소시키기 위해 속도위반을 한 차량의 사진을 촬영하는 것이 아니라 거꾸로 속도를 잘 지키는 차량을 촬영해 추첨으로 위반자에게 징수한 벌금의 일부를 상금으로 주는 것이다.

'The Fun Theory award'는 스웨덴의 교통안전협회의 협력하에 3일간 실행되어 자동차의 평균속도를 22%나 감소시키는 효과를 보여주었다고 한다. 많은 매스컴에서도 이슈로 다뤄 폭스바겐의 '환경에 좋은 일을 즐거운 일로 바꾸자'라는 콘셉트 소구에 크게 공헌했다. 동사의 발표의 의하면 스웨덴의 에코 카(*Eco Car*) 시장에서 폭스바겐의 시장점유율은 84% 증대했다.

RESULT

캠페인 성과/실적

'Piano Staircase'는 유튜브에서 천3백만 회 이상 재생되었고, 'The Fun Theory award'는 본토의 주요 미디어는 물론 세계의 미디어에서도 화제로 다루는 등 큰 평판효과를 냈고, 스웨덴의 친환경 자동차(*Eco Car*) 시장에서 폭스바겐의 시장점유율은 84% 증대했다.

옥외광고 장소를 해독하라 !

마이크로소프트(Microsoft) / DECODE JAY-Z WITH BING

Cannes Lions, Outdoor 및 integrated 그랑프리(2011)

캠페인 개요

기업명 · 캠페인명

마이크로 소프트 / Jay-Z

DECODE JAY-Z WITH BING

실시

2011년

배경 · 과제

마이크로소프트의 검색엔진 Bing은 경쟁사에 비해 젊은층 유저가 적다는 과제를 안고 있다.

인사이트 · 핵심 아이디어

젊은층의 절대적인 인기를 자랑하는 래퍼 Jay-Z가 발매하는 자서전과 콜라보레이션을 전개한다.

전개 아이디어

자서전 '*Decoded*'의 발매에 맞춰, 각 페이지의 에피소드와 노래에 맞춘 옥외광고를 세계 곳곳에 설치한다. 그 옥외광고가 어디에 있는지 검색하는 플랫폼으로서 Bing을 활용한다.

자사 미디어와 언드 미디어와의 연계로 관계구축과 동시에 평판 획득

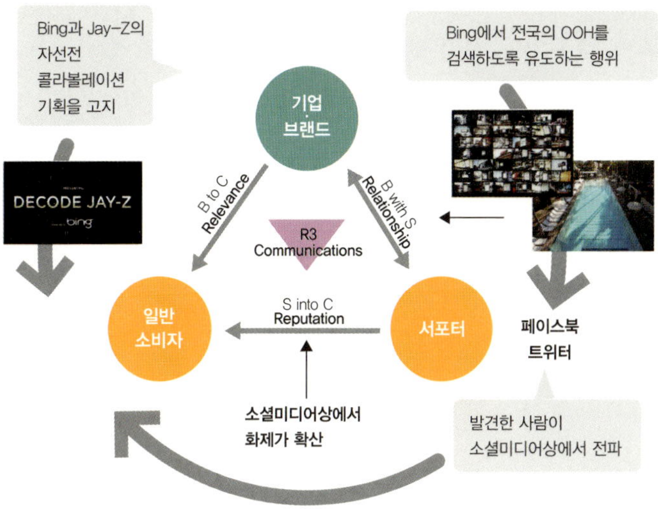

래퍼 Jay-Z가 발매한 자서전의 제목은 '*Decoded*'(해독). 이 책 제목에 맞춰, 350페이지의 책을 분리하여 각 페이지를 그곳에 적혀 있는 에피소드와 노래가사에 관련된 장소에 옥외광고를 설치했다. 설치장소는 뉴욕을 중심으로 런던 등 세계 곳곳이었다. 예를 들어, 마이애미의 Delano호텔 수영장 바닥에 책의 페이지가 프린트되어 있거나, 뉴올리언스의 건물 지붕 위에 프린트되어 있는 모양새이다. 그 외에도 Jay-Z가 경영하는 레스토랑의 접시나 테이블보에서, 구치(Gucci)와 타이업으로 제작한 가죽 재킷(안쪽에 프린트), 캐딜락(외부장식에 페인트), 햄버거의 포장지나 피자상자에 이르기까지, 통상적인 광고매체가 아닌 것들도 자서전의 각 페이지에 맞게 많은 것들이 선택되었다.

그리고 그 옥외광고들을 찾는 수단이 되는 것이 검색엔진 Bing이다.

우선 캠페인 사이트에서 매일 제공되는 단서를 바탕으로 숨겨진 페이지를 Bing의 검색기능과 맵(*Map*)을 사용하거나 실제로 현지에 가서 찾아본다. 바로 이것이 Bing Map의 위치정보를 사용해 현실세계와 웹 사이에 다리를 놓는 ARG(*Alternate Reality Gaming*, 대체현실게임) 관계형 전략이었다고 할 수 있다.

유저는 Jay-Z의 노래와 에피소드와 Bing Map의 위치정보를 단서로, 옥외광고의 장소와 모습을 해독해간다. 이것은 흡사 고도의 보물찾기 게임을 하는 것이다. 각각의 숨겨진 페이지, 즉 옥외광고를 찾아낸 유저가, 그 사진과 장소를 캠페인 사이트에 업로드하면, Decoded(해독)되는 장치이다. 최초로 찾아낸 유저에게는 그 페이지에 Jay-Z가 사인을 하고 그것을 액자로 만든 선물을 받게 된다. 또한 라스베이거스에서 개최된 Jay-Z와 Coldplay의 역사적인 뉴 이어스 이브 콘서트(New Year's Eve Concert)에도 초대되었다.

RESULT

캠페인 성과/실적

Bing의 젊은층 방문자 수가 증가. 117% 신장
Bing.com의 방문수가 미국 TOP 10 진입

한국사례

No.1
BMW Gran Turismo on the road

No.2
IBK기업은행 기업PR

No.3
엔제리너스커피 소셜미디어

No.4
기아자동차 K9 Application

No.5
현대자동차 싼타페 태블릿PC 광고

File NO.01

BMW Gran Turismo on the road.

자료제공 : 대홍기획

캠페인 개요

기업명 · 상품명

BMW / GRAN TURISMO ON THE ROAD.

그란투리스모, 그와 길을 떠나다.

실시

2010년 7월~9월, 2012년 8월~9월

캠페인 채널

BMW 코리아 페이스북 팬페이지

www.facebook.com

BMWKorea & www.facebook.com

GTontheroad

인사이트 · 핵심 아이디어

THE MEANING OF GRAND TRAVEL.

여행에서의 새로운 경험, 탐험, 발견을 통해 나와 삶을 새롭게 인식하는 것처럼, 매일의 드라이빙이 일상의 여행이 되고, 그 여행을 통해 느끼는 새로움과 자유로움을 GT에 담아볼 수 있을까?

1. 기획배경

BMW GT 차량은 본래 유럽이나 북미대륙과 같은 광활한 지역에서 장거리 여행(*Luxury Cruising*)을 위해 설계된 차량이나, 2010년 한국시장 최초 런칭시 '장거리 여행을 위한 차량'이라는 포지셔닝이 한국 실정과 맞지 않아 시장 최초 포지셔닝에 많은 고민을 낳았던 모델이다.

2010년 런칭 당시 BMW 코리아에서는 국내 타깃소비자들이 격식 있는 비즈니스와 활동성 있는 캐주얼한 모임에 모두 어울리는 차량에 목말라있다는 인사이트를 발견하고, 비즈니스와 레저를 모두 충족시키는 새로운 세그먼트의 자동차로 국내시장에 완전히 새롭게 포지셔닝하면서, 한국 소비자들에게는 장거리여행과 짐을 많이 싣는 차량이 아닌, 새로운 여행(*Grand Traveling*)의 콘셉트를 커뮤니케이션하기로 하였다.

2. 캠페인 전개

Season 1. The sole narrator. 김중만

2010년에 진행한 시즌 1에서는 소울 나레이터, 포토그래퍼 김중만의 시선으로 바라본 그란투리스모에 대한 이야기를 페이스북을 통해 공개해 대중과 소통하는 새로운 개념의 사진 공모전으로 화제가 된 바 있다.

Season 2. The sole narrator. 이병우

2012년 이번 시즌 2 캠페인에서는 에세이와 음악을 새롭게 접목하여 사회 각층의 문화인사들과 Intellectual그룹 및 더 넓은 대중들에게 어필하는 캠페인을 기반으로 BMW 그란투리스모가 '여행과 문화'의 대

명사격인 브랜드로 확실히 자리 잡는 것을 목표로 하였다.

음악감독이자 기타리스트 이병우, 그가 GT와 함께한 일주일간의 여정

캠페인의 문화적 파급력을 더하기 위해 선정된 나레이터, 기타리스트 이병우는 〈괴물〉, 〈마더〉, 〈왕의 남자〉의 영화음악 감독으로 잘 알려져 있으며 현재 성신여대 실용음악학과 교수로 있다.

네 가지 테마. "떠나는 날, 아무것도 하지 않기, 낯선 곳에서, 멀어지지 않는 사람."

그가 길 위에서 만난 이 영감들을 담은 음악, 그리고 에세이가 차례로 페이스북에서 공개되고, 팬들은 각자의 영감을 담은 에세이와 사진을 페이스북 페이지에 게시, 브랜드와 소통하게 된다.

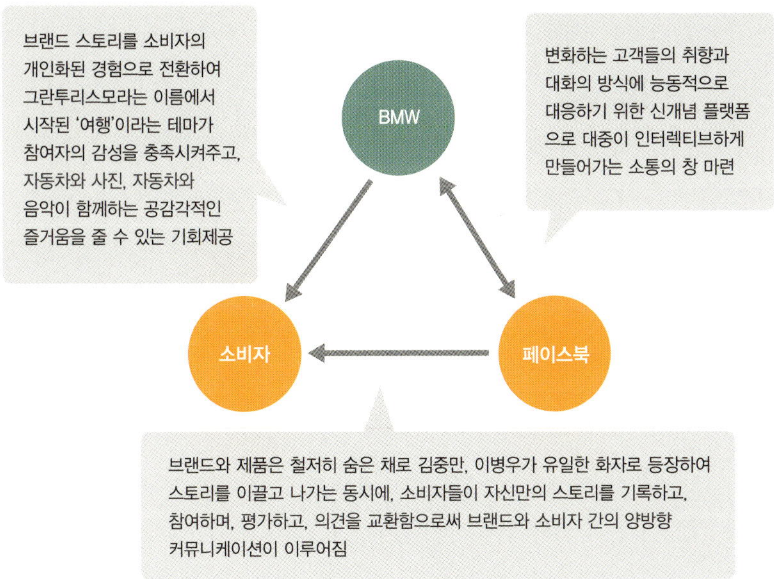

RESULT

캠페인 결과

THE BRAND STORY MEETS
PERSONAL EXPERIENCES.

브랜드와 제품은 철저히 숨은 채로 Sole Narrators 김중만, 이병우가 유일한 화자로 등장, 스토리를 이끌고 나가며, 소비자들이 자신만의 Momentum에 대한 스토리를 기록하고, 참여하며, 평가하고, 의견을 교환함으로써 브랜드와 소비자 간 소통의 창 마련.

기업과 브랜드 차원에서의 일방적인 메시지 전달이 아니라 대중이 인터렉티브하게 자발적으로 만들어나가는 양방향 소통을 이끌어냈다는 평가를 받고 있다. 또한, 브랜드 스토리를 소비자의 개인화된 경험으로 전환하여 그란투리스모라는 이름에서 시작된 '여행'이라는 테마가 참여자의 감성을 충족시켜주고, 자동차와 사진, 자동차와 음악이 함께하는 공감각적인 즐거움을 줄 수 있는 기회를 제공하였다.

시즌 1(2010년 7월 1일~2010년 9월 8일/ 약 2달)과 그 이후 진행한 시즌 2(2012년 8월 8일~2012년 9월 21일/ 약 1달)를 통해서 시즌 1 캠페인 시작 2주 만에 다른 광고 없이 천 명의 팬들이 찾아왔고, 전체 캠페인 기간 동안 8,867명의 새로운 팬 생성.

화자의 스토리에서 영감을 받은 총 2만 천 명 이상의 팬들이 그들 자신의 개인화된 스토리를 공유.

161,725회의 캠페인 콘텐츠 및 앱 페이지뷰 기록.
그리고…2010년 8월 캠페인 첫 GT on the road 캠페인 진행 후 약 1달 반의 기간 동안 한국시장에서 그란투리스모 차량 1,500대가 모두 판매, 매진되었다.

Our story continues….
*시즌 2 캠페인은 2012년 9월 21일 종료되었으며, 2년마다 지속적인 GT on the road 캠페인을 통해 소비자와의 소통의 스토리는 계속될 예정이다.

IBK기업은행 기업 PR

자료제공 : 대홍기획

캠페인 개요

기업명 · 상품명

IBK기업은행 / 기업 PR

실시

2012년 4월~

배경 · 과제

IBK기업은행은 '기업'들 혹은 자산이 많은 '고령자'들만 이용하는 은행이라는 인식이 강해지는 상황. 친서민적이고 진취적인 IBK와 상충되는 브랜드 이미지 개선을 위해, 'IBK기업은행은 국민 모두가 이용할 수 있는 은행'이라는 것에 대한 대국민적인 이해와 공감을 이끌어내는 것.

인사이트 · 핵심 아이디어

젊은층도 공감할 수 있는 '기업은행에 예금하면 일자리가 는다'라는 IBK기업은행의 선순환 메시지 전달.

전개 아이디어

사회 전반적으로 지속되는 중소기업 육성과 일자리 문제에 초점을 맞춰 '기업은행에 예금하면 기업을 살리고 기업이 살아야 누군가를 위한 일자리가 늘어난다'는 일련의 선순환적인 공익적 메시지를 전달하고자 했다.

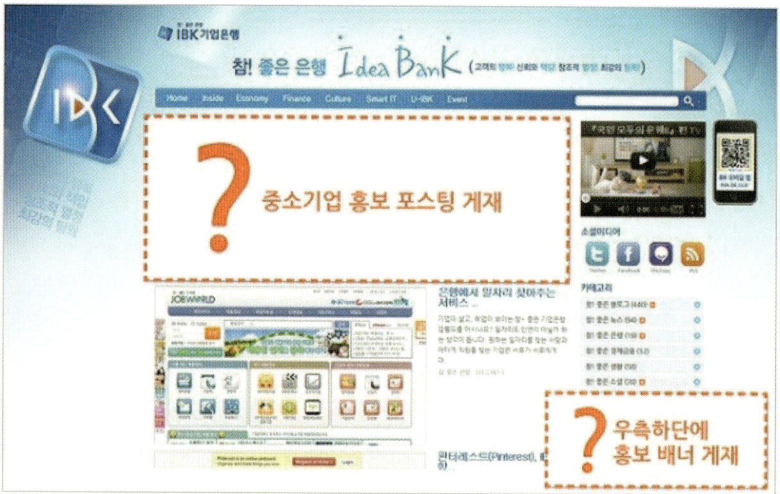

여기에 기존 모델인 송해 씨와 함께, 인기 TV 드라마를 통해 주가를 올리고 있던 아역 모델을 투입하여 폭넓은 타깃층과 공감할 수 있도록 하는 TV광고를 제작하였다. 이를 기본으로 전방위적인 매체 집행과 함께 실제 중소기업과 함께 상생할 수 있는 프로모션을 전개하였고, 자연스럽게 캠페인이 확산될 수 있도록 다양한 미디어 환경을 컨트롤하였다.

2012년 1월 대한민국 원조 국민 MC '송해' 씨를 단독모델로 하여 기업은행의 역할을 진솔하게 전달했던 TV광고가 광고업계에 센세이션을 일으켰다. 그러나 모델의 나이가 너무 많은 점이 젊은 타깃층의 폭발적인 호응을 얻어내기에는 약간의 부족함이 있다고 지적되었다. 이에 해당 문제점을 개선하기 위한 새로운 2차 캠페인을 전개하기로 하였다.

우선 기존 Paid Media인 TV광고의 표현부터 손을 보기 시작했다. '국민 모두가 이용할 수 있는 IBK기업은행'이라는 폭넓은 연령층의 공

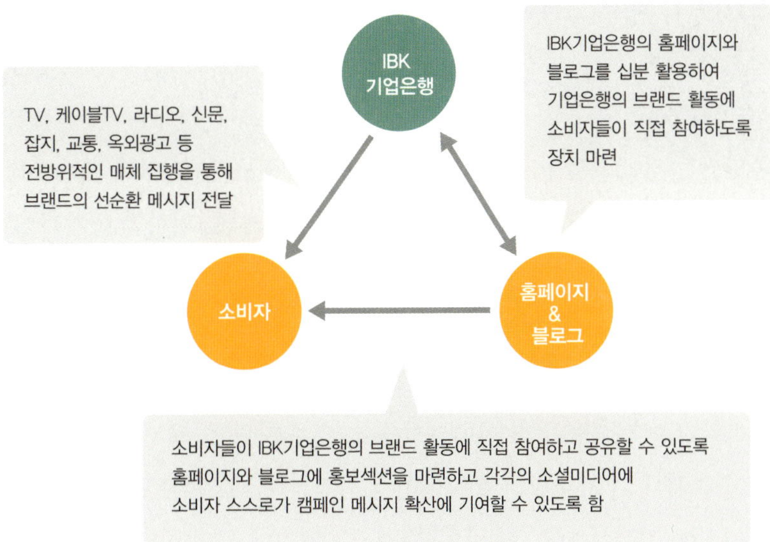

감대 획득을 목표로, 기존 모델과 함께 인기 아역배우를 서브모델로 기용하여 폭넓은 연령대의 관심을 끌 수 있도록 하는 장치를 마련하였다. 이는 IBK기업은행의 역할이 중소기업 육성과 일자리 창출이라는 사회적 관심사와 맞물려 폭넓은 연령층에게 충분히 자신의 일로(*Relevance*) 받아들일 수 있도록 하는 장치가 되었다. 그리고 TV를 필두로 한 유료 미디어(*Paid Media*)는 신문, 잡지 등의 인쇄광고 및 지하철, 버스, 옥외광고 등의 BTL 매체에 이르기까지 IBK기업은행의 선순환 메시지를 전방위적으로 전달하였다.

1차 캠페인이 'IBK기업은행은 기업만 이용하는 은행'이라는 오해를 불식시키기 위해 Maker Voice가 강했다면, 2차 캠페인은 자사 미디어(*Owned Media*)인 블로그 및 자사 홈페이지를 통해 타깃들과의 Relationship 강화에 더욱 힘을 기울이기 시작했다. IBK기업은행의 블로그와 홈페이지에서는 타깃들이 직접 몸담고 있거나 추천할 만한 중소기업을 자랑하고 홍보할 수 있도록 하였다. 기본적으로 소통량이 많은 IBK기업은행 자사 미디어의 주요 섹션을 통해 자신의 회사 또는 촉망받는 중소기업을 직접적으로 자랑하고 홍보할 수 있게 함으로써 IBK의 사회적 역할과 가치 선순환에 대한 설득력을 더하고 나아가 고객들과의 관계를 강화할 수 있는 촉매제가 되었다.

그 결과, 강력한 미디어, 모델전략 및 고객참여 프로모션 등의 영향으로 수많은 언론 미디어에 성공 캠페인으로 보도되었고, 정성스럽게 관리하고 있는 IBK의 소셜미디어(*Earned Media*)를 통해 타깃들의 자발적인 Viral이 더욱 활발하게 이루어져 사회 전반에 걸친 긍정적인 평판(*Reputation*)을 이끌어 내는 데 성공할 수 있었다.

RESULT

캠페인의 성과/실적

캠페인 전개 후 폭발적인 퍼블리시티 노출이 이루어졌고, 광고효과 조사결과 은행부문 광고 최초상기도(*Top of Mind*) 및 다양한 인지도 조사결과에서 압도적인 1위를 기록하게 되었다. 나아가, 해당 캠페인을 직접적인 이유로 꼽은 예금 및 적금 예치액이 1,219억 원(2012년 6월 기준)에 달하는 놀라운 성과를 거두게 되었다.

엔제리너스커피 소셜미디어

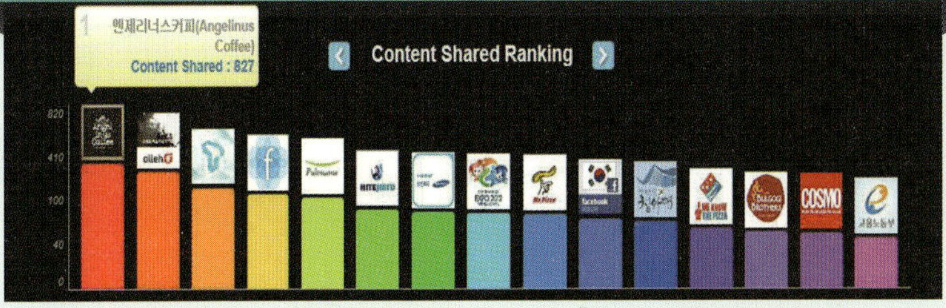

주 : 국내 기업 페이스북 '공유하기' 부문 1위(2012.07 4주차 / UXKOREA)
자료제공 : 대홍기획

캠페인 개요

기업명 · 상품명

엔제리너스커피 / 소셜미디어

실시

2012년 4월~

배경 · 과제

1.배경

- 주요 타깃인 20~30대의 매체 이용시간에서의 소셜미디어와 모바일의 비중이 커짐
- 경쟁사들의 활발한 소셜미디어 활동, 후발주자로서의 소셜미디어 채널도입 및 필요성 제기

2. 과제

- 브랜드 경험을 증대할 수 있는 '참여를 통한 고객관계' 구축
- ATL 캠페인과 연계한 소셜미디어로 전방위적인 캠페인 전개, 마케팅 시너지 창출

인사이트 · 핵심 아이디어

- '일상의 휴식, 소셜 카페'라는 소셜미디어 콘셉트를 통하여 채널 구축 및 브랜드 스토리 전달
- 트리플미디어 전략하에 소셜미디어 전략수립
- 고객들의 참여를 유도하여 휴식공간으로의 브랜드 포지셔닝

전개 아이디어

엔제리너스커피는 고객에게 최고의 커피와 함께하는 편안한 공간을 제공한다는 것에 브랜드 핵심가치를 두고 있음. 이에 '일상의 휴식, 소셜 카페'라는 소셜미디어 콘셉트를 도출하고, 트리플미디어 전략을 기초하여 공식 소셜미디어 채널을 구축. '자사 미디어'(*Owned Media*)인 페이스북 및 트위터로 고객들과 직접 소통하고 참여하는 채널로 활용하고, '유료 미디어'(*Paid Media*)인 ATL, 온라인 광고를 활용한 콘텐츠를 확산. '언드 미디어'(*Earned Media*)인 공식 블로거 홍보단과 소비자 패널단을 통해 브랜드의 긍정적인 명성을 확보하고 유저입장의 자발적인 콘텐츠를 생성.

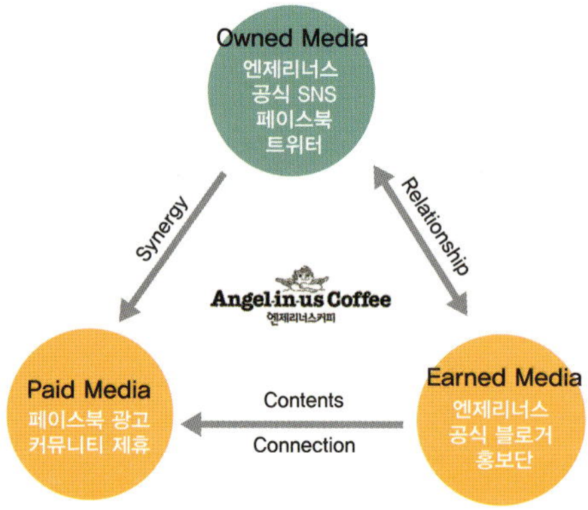

1. 자사 미디어(*Owned Media*)—페이스북 페이지, 트위터

성공적인 소셜미디어 채널 런칭—페이스북 페이지 런칭

엔제리너스는 커피업계 소셜미디어 후발 브랜드로 출발했지만, 런칭 1달 만에 업계 최초로 2만 명이 넘는 팬 수를 확보(스타벅스의 경우, 런칭 1년 후 2만 명 달성). 고객들의 자발적인 확산과 입소문을 통해 커피업계 최초로 페이스북 팬 수 10만 명을 달성. 그 결과, 각종 언론에 보도, 소셜 리더십 확보 및 경쟁사들의 적극적인 대응 이끌어 냄.

소셜미디어 채널간 상호 보완적 관계를 형성—기존 소셜 채널인 트위터 리뉴얼 및 CS 강화 운영

중심채널인 페이스북을 토대로 트위터를 리뉴얼. 더불어 기존 공식 트위터의 이슈 확산성을 보완하고 고객 실시간 응대 등의 CS 강화 운영을 병행. 리뉴얼된 트위터는 콘텐츠들은 유통하고 확산시키는 역할뿐만 아니라, 페이스북으로의 유입을 유도하는 채널로 활용. 소셜미디어 채널간 상호 보완적 관계를 형성.

2. 언드 미디어(*Earned Media*)—소셜 고객의 의견을 적극 듣고 관계를 구축

공식 블로거 홍보단 "엔젤캐스터"와 온라인 소비자 패널단 A.L.I. 운영

브랜드 콘텐츠를 제조사 입장이 아닌, 소비자 입장에서 브랜드 스토리를 전달하는 공식 블로거 홍보단(앤젤캐스터)과 소비자 패널(A.L.I, *Angel Loves Imagination*)을 운영. 이들은 퀄리티 높은 유저 콘텐츠를 생산하고, 제품 및 서비스를 직접 체험하고 도출된 아이디어를 실제 조직 내부에 반영.

3. 소셜미디어 캠페인 세부 실행 내용

	내 용	결 과
콘텐츠 전략	• 신규 광고 런칭과 함께 및 빅모델 김수현을 적극적으로 활용 • 브랜드와 밀접한 연관을 가진 감성적인 사진 업로드 • 공감할 수 있는 메시지를 게재, 댓글을 통해 고객과 소통	• 브랜드 메시지의 빠른 확산 지원 • 브랜드 충성도 제고
고객 참여형 캠페인	**고객 참여형 페이스북 이벤트 어플리케이션 및 캠페인 진행** • 두근두근 오늘의 연애운세, 엔제린 스노우타임, 엔제리너스 송 만들기	• 총 19만여 명 참여 • 2차 노출(팬의 친구)로 인한 팬 수 증대 • 브랜드 이슈 생성 및 브랜드 경험 제공
신속한 CS 대응	**엔제리너스 소셜미디어의 실시간 대응 프로세스 구축** • 실시간 대응을 통해 1시간 내 대처	• 고객 만족도 상승
문화이벤트 연계	영화, 전시, 공연 등 문화 이벤트와 연계한 'Culture-in-us' 진행	• 콘텐츠를 통한 양방향 커뮤니케이션 가능

엔제리너스커피 페이스북 페이지 온라인 광고 환산표

구 분	지 표	결 과	온라인광고 비용 환산(천 원)	금액환산기준
팬(*Fan*) 수	팬 수(충성고객)	106,568	2,131,360	쇼핑몰 회원가입비용=2만 원
	팬(*Fan*) 수 팬의 친구 수 (2차 확산고객)	17,155,225		-
매체 효율성	Post Impressions (좋아요+친구의 노출 수)	2,033,324,476		네이버 배너광고 평균 CPM=2천 원
참여 및 반응	Page Engaged Users (댓글, 좋아요, 공유하기)	4,997,392	2,498,696	네이버 배너광고 최소 CPC=천5백 원이며, 기준 클릭당 5백 원 기준
합계			4,630,056	

RESULT

캠페인의 성과/실적

1. 커피업계 소셜 리더십 확보
   - 커피업계 최초로 페이스북 페이지 팬 수 10만 명 달성
   - 오픈 1개월 만에 팬 2만 명 확보(스타벅스의 경우, 팬 수 2만 명 달성까지 1년 소요)
   - 네이버 메인 노출
   - 커피업계 및 기업 소셜미디어 중 성공적인 페이스북 활동사례로 회자

2. 매체 효율성 확보: 비용 대비 효과 우위
   - 페이스북 페이지 팬 수 11만여 명, 팬의 친구 천8백만 명.
     약 2백 배의 2차 노출효과(2012.10)
     페이스북 페이지 게시물의 총 노출 수는 20억여 회,
     실제 참여 및 반응한 고객 수는 5백만여 명
   - 페이스북 페이지 내 팬과 참여 및 반응효과를 온라인광고
     집행비용으로 환산시 약 46억
     소셜미디어 채널 연간 운영비(4.7억)를 고려하면 10배의 광고효과가
     있는 것으로 추정
   - 팬(*Fan*) 수: 팬 수(11만여 명)×온라인 사이트 회원 가입비용=
     2억 이상의 광고효과
   - 참여 및 반응: 댓글, 좋아요, 공유하기(5만여 명)×
     포털 배너광고 클릭비용 = 24억 이상의 광고효과

3. 소셜미디어 성공사례로 평가
   - '롯데그룹 마케팅 포럼'에서 소셜미디어 성공사례로 수상
     (소셜미디어 최초)
   - 2012 올해의 브랜드 대상 2년 연속 수상(한국소비자포럼)
     활발한 소셜미디어 활동을 통해 고객과의 소통의 저변 확대
   - 국내 기업 페이스북 '공유하기' 부문 1위(2012.7 4주차/UXKOREA)

File NO.04

실물인식 기술로 자동차 매뉴얼을 모바일화

기아자동차 K9 Application

자료제공 : 이노션

캠페인 개요

기업명 · 상품명

기아자동차 / 럭셔리 세단 K9

실시

2012년 5월

배경 · 과제

경쟁차종 중 가장 많은 신기술 사양을 탑재한 K9의 USP를 소비자에게 쉽게 전달.

인사이트 · 핵심 아이디어

“No paper, Just scan! It's Smart!” 자동차의 각 종 장치를 모바일로 스캔하면 스캔된 자동차의 장치가 수행할 수 있는 기능을 설명할 수 있어 어플리케이션 무료배포.

전개 아이디어

기존의 방법은 차량과 함께 제공되는 종이책자 매뉴얼이었으나 소비자가 매뉴얼을 모두 읽을 수도 없으며, Text로는 K9의 최첨단 USP 기능을 이해하기도 어려움. 스마트폰과 태블릿PC에 내장된 카메라로 차의 각종 장치를 스캔하면, 스캔된 자동차의 장치가 할 수 있는 기능을 동영상, 3D 등으로 표현하여 K9 유저 및 구매 의향자가 쉽게 이해할 수 있음.

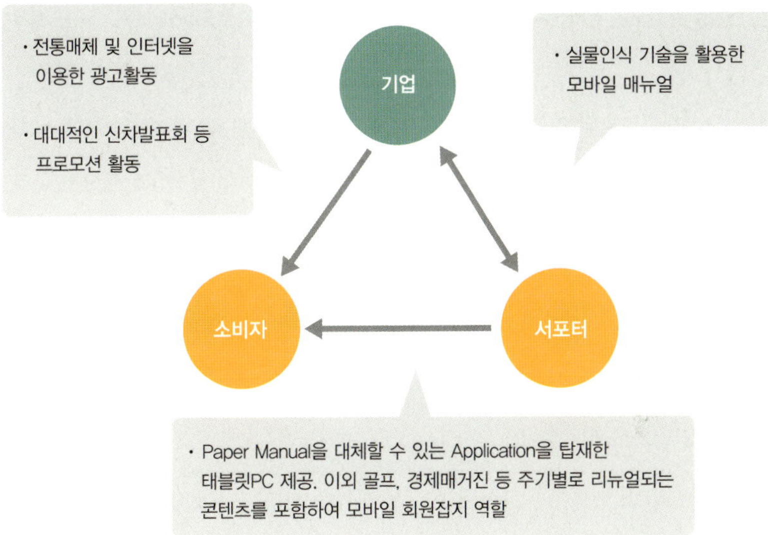

기아자동차의 취약 차종인 럭셔리 세단에 런칭한 K9은 경쟁차종인 현대자동차 에쿠스, 제네시스 및 Benz, BMW 등 수입차에도 포함되지 못한 다양한 신기술이 탑재되어 있다. 그러나 자동차의 USP는 어려운 전문용어와 기계적 설명으로 소비자들이 그 기능을 쉽게 이해할 수 없다. 특히 자동차에 포함되어 제공되는 Paper Manual은 모든 것이 Text로만 설명되므로 기능을 설명하는 데에 한계가 뚜렷하며, 매우 두껍게 제작된 자동차 매뉴얼은 대부분의 사용자가 꼼꼼히 읽어보지 않는다는 데에 문제가 있었다.

K9 Application은 이런 문제를 해결할 수 있는 방법으로 증강현실(*Augment Reality*) 기법 중 가장 발전된 형태인 실물인식 기술을 채택하였다. 즉, K9 Application으로 차량의 주요 부분을 스캔하면 모바일 디바이스는 해당 장치가 수행할 수 있는 기능을 설명한다. 설명의 방법

은 동영상, 3D, Interactive Contents 등으로 Paper Manual로는 도저히 설명할 수 없는 기능을 사용자가 실제 차량을 운전했을 때와 마찬가지인 User Experience 관점에서 설명한다. 이 Application은 삼성 갤럭시노트에 기본 탑재되어 K9 구매자에게 제공해 활용성을 극대화하였다.

RESULT

캠페인 성과/실적

고관여, 고가 제품인 자동차는 마케팅 결과를 단기간 내에 측정할 수 없지만 이후 여러 경쟁사에서 실물인식 매뉴얼 개발을 검토하고 있다. 또한 이 Application은 2012년 대한민국 모바일광고대상 기술부분 금상을 수상하였다.

자동차의 특성을 광고물의 UI로 표현한 모바일 인앱애드

현대자동차 싼타페 태블릿PC 광고

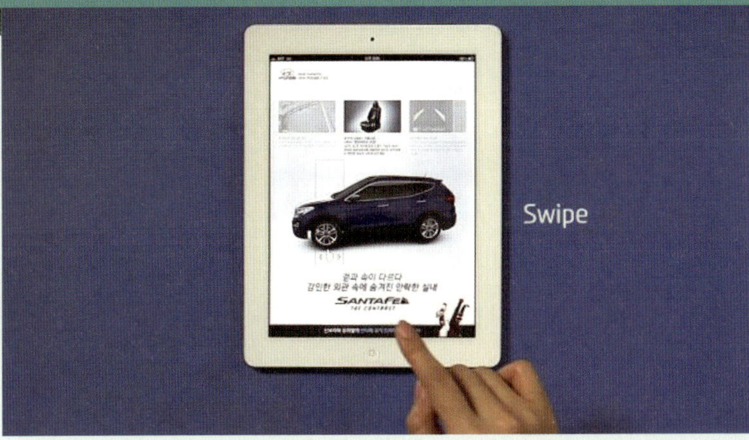

자료제공 : 이노션

캠페인 개요

기업명 · 상품명

현대자동차 / 싼타페

실시

2012년 4월

배경 · 과제

외관은 강인하지만 내장은 섬세한 산타페의 장점을 New Media를 통해 표현.

인사이트 · 핵심 아이디어

태블릿PC 사용자의 행동습관을 관찰해, 자동차의 장점을 UI로 표현하고, 더욱 고급스러워진 싼타페의 내장 USP를 설명.

전개 아이디어

모든 태블릿PC 사용자는 화면의 오른쪽에서 왼쪽으로 'Swipe'하여 페이지를 넘기는 행동에 익숙하다. 사용자는 Swipe할 때 다음 페이지로 넘어갈 것을 예상하지만, 싼타페 광고는 싼타페의 외관화면에서 사용자의 Swipe Point를 따라다니며 해당 포인트의 자동차 내장을 보여주고 해당 포인트 내장에 탑재된 USP를 Small Window에 표현한다. Swipe 기능에 인터럽트가 발생해 독자는 광고를 회피할 수 없게 되고 주목률이 제고된다.

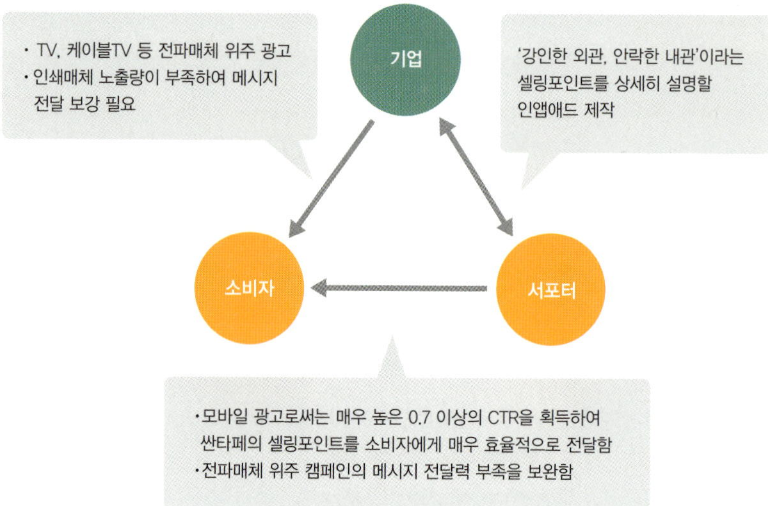

현대자동차의 대표적인 RV 차종인 싼타페는 근육질 남성을 연상시키는 강인한 외관으로 RV의 베스트셀러로 꼽힌다. 하지만 반대로 내관까지 거친 이미지를 갖고 있어 세단 못지않은 승차감과 기능이 부각되지 못하는 문제가 있었다. 2012년 상반기 페이스리프트 출시된 싼타페는 더욱 안락해진 내관을 주요 셀링포인트로 하여 TV광고를 비롯한 모든 캠페인은 '겉과 속이 다른 차'에 맞추어져 있었다. 싼타페 모바일 인앱애드는 태블릿PC 사용자가 싼타페 광고 페이지를 만났을 때, 습관적으로 오른쪽에서 왼쪽으로 Page Swipe를 하게 되면 다음 페이지로 화면이 이동하는 것이 아니라, 사용자의 손가락이 있는 위치의 외관 화면이 내관 화면 투시도로 변경된다. 이때 투시된 내관에 탑재된 USP는 Small Window에 설명하여 사용자의 이해를 돕는다.

RESULT

캠페인 성과/실적

2012년 4월 23일부터 5월 22일까지 1개월간 〈조선일보〉와 〈매일경제〉 태블릿 PC를 통해 집행. 〈조선일보〉에서는 243만 뷰, 〈매일경제〉에서는 15만 뷰를 획득하였으며, 특히 CTR을 각각 0.8과 0.7 획득하여, UI 디자인의 목적을 충분히 달성하였다. 2012년 대한민국 모바일광고대상 디자인부문 은상 수상.

칼 럼

R3 커뮤니케이션에서의 ARG (*Alternate Reality Gaming*) 가능성

ARG(대체현실게임)는 어느 이야기 세계의 단편(증거)을 현실공간과 가상공간을 섞어서 다양한 미디어에 배치해 유저가 그것에 조우해 따라가는 것으로 경계감각이 흔들려 깊은 이야기 세계에 몰입하는 현상을 일으키는 유저 참가형 커뮤니케이션 수법이다.

개인을 둘러싼 미디어나 그곳에서 전달되는 정보가 증대해 복잡화됐을 때 사람들은 순간적으로 자신에게 의미가 있는 정보와 그렇지 않은 정보를 판별해야 하는데 본인의 의식이 향하는 곳을 선택할 때에는 문맥이나 스토리가 큰 요인이 된다. 사람은 하나의 단편을 보는 것만으로도 그 안에 매력적인 무언가가 숨어있을지 여부를 순간적으로 판별하는 힘을 갖고 있다. 휴어리스틱스(*Heuristics*)라고 불리는 것도 이에 해당한다. '뭔가 냄새가 난다! 분명 무언가가 있을 것이다!'라는 직감의 힘이다.

R3 커뮤니케이션에서 이런 사람의 반응과 참가행동을 유발하는 스토리의 힘을 활용하는 것은 큰 가능성을 안고 있다. 2000년대에 들어서 미국을 중심으로 ARG 수법이 엔터테인먼트 업계를 비롯해 자동차 브랜드 등 다양한 마케팅 시책에 활용되었다. 이에 착목해 일본에서도 일찌감치 2009년에 ADK가 게이오[慶應]대학 다케야마[武山] 연구실과 여러 기업과 ARG 실증실험을 실시했다. 이 사례를 토대로 ARG의 가능성을 모색해보고자 한다.

여기서 언급하는 것은 젊은층의 역사에 대한 흥미를 자극한다는 의도로 사카모토 료마[坂本龍馬] 암살을 둘러싼 진상을 밝힌다는 테마로 실시한 'RYOMA the secret' 프로젝트다.

시작은 유튜브에 투고된 어느 영상. 그곳에 출연한 여성의 신원을 찾아내는 것으로 다음 전개에 대한 연결을 파악할 수 있다. 인터넷 뉴스에서도 언급되어 이 새로운 신종게임에 하루 빨리 참가해 미션을 완수하고 싶은 플레이어들이 행동을 일으킨다. 화면에 나오는 적은 정보로부터 수사대와 같은 분석력으로 여성이 소속된 서클 이름을 찾아내 사이트를 알아내고…와 같이 다수의 플레이어에 의한 대규모적인 협력체제 속에서 스토리는 말 그대로 플레이어 자신에 의해 추진되어 간다.

이 규모는 블로그, 게시판에 집계되어 실시간으로 보여지며 수많은 관객이 즐기며 응원도 받으며 확대와 몰입도를 높여간다. 스토리 전개는 인터넷뿐만 아니라 실제 장소에서도 이루어진다. 플레이어 스스로가 비디오카메라로 중계해 현장상황을 관객과 공유함으로써 일체감은 한층 더 높아진다. 여기에서 활동적인 플레이어뿐만 아니라 관객도 함께 느낀다. 그 순간 그곳에 내 자신이 관여되어 있다는 체험의 유일성과 어떤 종류의 공헌에 의한 만족감은 집단심리에 의한 고양감도 추가되어 강렬한 감정과 기억으로 각인된다.

이것이 브랜드 커뮤니케이션의 시스템으로 활용된다면 그 브랜드와 유저의 관계는 특별한 것으로 깊게 형성된다. 최근 국내에서도 수수께끼를 시작으로 해서 유저의 관여를 유인하는 수법을 볼 수 있게 되었는데 그 깊은 곳에 있는 브랜드 에센스를 포함한 스토리 세계 구축이라는 새로운 크리에이티브 영역에 한층 더 도전해나가야 할 것이다.

칼 럼

Top Creator 인터뷰 ①

아드리안 반 루이(벨기에)

Ardian Van Looy
Leuven Belgium
Creative Director – Head Office

캠페인에서의 평판(*Reputation*)구축에 대한 고찰

지금까지 구미에서 이미 성과를 올리고 있는 새로운 기업 커뮤니케이션 사례를 소개했다. 그럼 구미의 크리에이터(*Creator*)들은 이런 사례를 어떻게 평가하고 있을까? 지금부터는 2009년 칸광고제 프로모션부문 심사위원을 역임한 벨기에를 대표하는 크리에이티브 디렉터인 아드리안 씨의 인터뷰를 소개하고자 한다.

최근 소셜미디어 효과에 대한 다양한 논의가 이루어지고 있다. 한 가지 확실하게 말할 수 있는 것은 더 이상은 그것이 무시할 수 없는 소비자 미디어가 되고 있다는 사실이다.

온라인에서의 평판관리(*Reputation Management*)는 더 이상 캠페인의 'Buzz=유행' 환기라는 차원이 아니라 커뮤니케이션 구축 그 자체에서 중요시되고 있다. 기업이나 제품에 관계되는 모든 정보나 콘텐츠가 구매결정의 프로세스나 반복구입자의 옹립에 있어 핵심요소가 되고 있기 때문이다.

브랜드와의 관계성(*Relationship*)은 '신용'을 토대로 구축되는 것이다.

그리고 그 구축은 소비자 주도로 이루어진다. 이 장면에서 소셜미디어는 소비자와 장기간에 걸친 관계(*Relationship*)구축에 기여한다. 하지만 소셜미디어를 단발성 캠페인 시책의 툴로 받아들이는 것은 적절하지 않다. 소셜미디어상에서 스스로의 액션+그 반응의 모니터링+더 나아가 반응을 본 후의 리액션(*Reaction*)이라는 흐름을 하나의 세트로 간주해 하나의 흐름으로 확립해야 한다.

자사 미디어나 언드 미디어는 후속지원 시책 없이는 그 효과를 최대한 발휘하기가 힘들다. 이는 마케팅 예산배분을 생각할 때 고려되어야만 하는 것이다. 더욱 중요한 것은 훌륭한 크리에이티브를 개발할 수 있을 정도의 여유를 반드시 확보하는 것이다. 바이럴 캠페인은 그것을 이야기하고 싶어하는 사람이 없으면 당연히 '바이럴'되지 못한다. 지금까지의 성공사례를 보면 알 수 있듯이 이를 위해서는 최고의 크리에이티브 그리고 아이디어가 필요하다는 사실을 재인식해야만 한다.

• 'IKEA MALMO점' 사례

이것은 페이스북 중에서도 대중적인 기능 중 하나이다. 사진에 태그를 거는 기능을 유효하게 사용한 캠페인이다. 그들은 이 기능을 강력한 버즈 발생 드라이버로 활용해 효율적으로 버즈를 발생시키는 데 성공했다. 하지만 버즈를 발생시키는 장치를 만들어도 그것을 확산시키고자 하는 소비자 동기가 없다면 캠페인이 성공할 수는 없었다.

최근 들어 'Engagement'와 'Connect'라는 두 가지 키워드가 많은 캠페인에서 열쇠가 되고 있다. 'Engagement'란 클라이언트 메시지와 소비자(생활자)를 잇기 위한 유대와 같은 뜻이다. 중요한 것은 소비자의 마음을 얻고 유대를 갖는 것이다. 이 사례에서는 사진의 태그기능과 호화로운 선물에 의해 소비자의 마음을 얻고 있다.

정리하면 성공의 포인트는 소셜미디어의 특징을 캠페인의 핵심에 두고 평판화(*Reputation*)하기 쉬운 환경과 동기를 부가하는 것이라고 할 수 있다.

• 'Old Spice' 사례

다음으로 Old Spice의 사례를 살펴보고자 한다. 이것은 상품의 타깃인 남성뿐 아니라 오히려 여성을 커뮤니케이션 타깃으로 삼아 그 주변에 존재하는 고객 인사이트(본질적인 니즈)를 정확하게 분석해 보디워시에 관한 새로운 커뮤니케이션 스타일을 구축하는 데 성공한 케이스라고 할 수 있다.

슈퍼볼의 슈퍼스타였던 무스타파(Isaiah Mustafa)라는 매우 매력적인 남성을 모델로 한 TV광고는 미국에서 굉장한 화제가 되었다.

원 컷으로 촬영된 화면구성도 화제가 되었지만 무엇보다도 인기를 끈 것은 무스타파의 훌륭한 메시지였다. 그는 여성에게 다음과 같이 이야기한다.

"아가씨 기분 좀 어때? 아가씨 남자친구는 나처럼 멋져? 설마.

그럼 나와 같은 향기를 풍길 수 있을까? 그 답은 Yes야."

이 TV광고의 성공을 토대로 더욱 화제성을 높여 한 차원 높은 커뮤니케이션을 전개하기 위해서는 어떻게 해야 할까. Old Spice팀은 이미 무스타파를 좋아하는 각 가정의 팬에게 보다 직접적인 유대(*Engagement*)를 제공하고 싶다고 생각했다.

그 해답이 "Response Campaign"이었다. 약 3일에 거쳐 Old Spice의 크리에이티브팀은 페이스북이나 트위터 등을 통해 모인 팬의 메시지, 질문에 되도록 실시간으로 답하려고, 대답(*Answer*)편인 개인 코멘트 영상(*Personal comment video*)을 만들어 계속해서 공개했다.

이것은 원 · 투 · 원의 관계성을 보여주는 매우 강력한 시책이었다고 할 수 있다. 그 결과 유례없을 정도로 최고의 소셜미디어 캠페인으로 알려지게 되었다.

이 캠페인에서 특별이 좋아하는 부분은 매우 개인적인 접근방식을 취하고 있다는 점이다. TV광고를 중심으로 이미 성공한 광고캠페인의 다음 단계로 그 시도는 최적의 시책이었다고 생각한다.

이 시도가 성공한 것은 스태프가 진지하게 온라인 관객을 생각하고 솔루션을 고안해낸 것이 최대 요인이라고 생각한다. 이번 캠페인에서 이 정도의 성과를 낼 수 있었던 것은 최고의 크리에이티브와 이를 발휘할 수 있는 환경조성, 그리고 무엇보다도 반응속도(*Response Speed*)였는데, 이 성공을 보고 이러한 온라인 비디오 캠페인 수법은 향후 다양한 장면에서 활용될 것이라는 것을 쉽게 예측할 수 있다.

Top Creator 인터뷰 ②

'TWELPFORCE 캠페인' 플래너 제프 벤자민 (크리스핀 포터+보가스키)

Jaff Benjamin
CP+B
Partner, Chief Creative Director

칸에서도 높은 평가를 받아 기업과 소비자의 관계구축의 새로운 형태를 제시한 '베스트바이 캠페인'. 이번에 우리는 이 캠페인의 플래닝을 담당한 크리스핀 포터+보가스키의 제프 벤자민 씨에게 인터뷰할 기회를 얻었다. 지금부터는 캠페인이 어떻게 기획되고 실현되는지에 대한 과정을 소개하고자 한다.

벤자민 씨는 칸 국제광고제에서 3개의 다른 카테고리에서 그랑프리를 수상한 경험도 있는 세계 최고수준의 크리에이터이다. 이외에도 "Best of Show at the One Show", "Grand Clio at the Clio Awards"도 수상했다. 그의 작품은 〈월스트리트저널〉, 〈뉴욕타임즈〉, 〈커뮤니케이션아트〉, 〈타임〉, 〈뉴스위크〉 등 다양한 미디어에서 쇼케이스로 소개되고 있으며 이외에도 CNBC(다우존스와 NBC가 공동설립한 뉴스 전문 방송국)에서도 해설자를 역임한 적이 있다.

TWELPFORCE 캠페인이 시작된 계기는?

원래 이 캠페인은 연말휴가 프로모션 기획으로 제안한 것이었습니다. 하지만 제안

초기에는 클라이언트의 이해를 얻지 못해 1년 정도 흐지부지 됐었습니다.

예전부터 베스트바이에는 '블루셔츠'(매장판매원)나 '긱스쿼드'(*Geek Squad*, 매장기술지원부대, 통칭 '오타쿠부대'의 뜻)라는 매우 헌신적으로 점포 방문객에게 힘이 되고자 하는 우수한 스태프가 존재하고 있어, 트위터를 활용한 캠페인의 핵심 아이디어도 여기에서 나왔습니다.

헌신적인 스태프의 존재는 큰 자산인데 일반 고객이 그들과의 접점을 가질 기회는 점포에 한정되어 있었던 것입니다. 아무리 고객으로부터 높은 평가를 받아도 그것은 각각의 점포 내에 한정된 것이었습니다. 그래서 만약에 이 서비스를 점포라는 제약에서 벗어나 널리 오픈된 곳에서도 전개해 언제 어디서나 이 훌륭한 서비스를 받을 수 있게 하면 대단한 일이 벌어지지 않을까, 이렇게 생각한 것이 이 기획의 계기였습니다.

더 나아가 이 아이디어가 실현되면 고객에게 매력적인 서비스가 될 뿐만 아니라 고객과의 관계를 구축하는 데 있어 매우 유효한 플랫폼이 된다고 생각했습니다. 현재 고객에 대한 서비스뿐만 아니라 그 주변에 브랜드 지원자를 늘려간다는 발상은 'R3'의 사고방식에도 아주 가깝다고 생각합니다. 또한 점포 브랜드와 고객 사이에 이 회사의 자사 미디어인 매장판매원이 소셜미디어를 활용하는 것으로 고객과 접촉하고 결과적으로 매장 방문을 촉진시키는 코어프로모터적인 역할도 줄 수 있다고 생각한 것입니다.

캠페인에 참가한 판매원은 특별히 보수가 없었다고 들었습니다.
그들이 참가한 동기는 무엇인가요?

많은 판매원이 이 캠페인에 참가하길 원했습니다. 이론상의 이야기로 들릴지 모르겠지만 그들의 동기의 원천은 고객에 대한 순수한 환대(*Hospitality*)였습니다.

칼 럼

처음부터 사용하는 SNS는 트위터로 정했던 것입니까? 아니면 복수의 플랫폼을 검토한 결과입니까?

처음에 클라이언트가 생각했던 것은 자사 사이트 내에 문의공간을 마련해 질문을 투고하면 답변이 돌아오는 기본적인 것이었습니다. 그래서 우리는 페이스북이나 트위터의 활용, 거기에 이 세 가지 플랫폼을 복합적으로 활용할 것을 검토했습니다.

최종적으로는 트위터를 활용하게 되었는데 그것은 원래 트위터의 커뮤니티에는 질문을 던지면 누군가가 답변하는 문화가 있었기 때문입니다. 또한 질문과 답변은 1대1 커뮤니케이션인데 이 왕래를 누군가가 뒤쫓아올 수 있습니다. 과거의 아카이브를 유효 활용할 수 있다는 의미에서도 트위터가 최적이라는 결론에 다다른 것입니다.

개시 후 캠페인은 어떻게 확산되었습니까? 그리고 효과는 어떠했는지요?

시작 해에만 고객의 불만이 약 20% 줄었습니다. 클라이언트 분석에서 이것은 'TWELPFORCE'의 효과라는 결론이 나왔습니다.

첫해 이후에는 어떻게 전개하고 있습니까?

"'블루셔츠'나 '긱스쿼드'로 구성된 TWELPFORCE가 당신을 도와드립니다"라는 핵심 콘셉트를 다른 마케팅커뮤니케이션 활동에도 넓혀서 전개하고 있습니다.

이 핵심 아이디어가 지속적이고 가령 유료 미디어에서의 광고전개가 없어도 지속할 수 있다는 것이 성공요인이라고 생각합니까?

물론 그 측면도 있다고 생각합니다. 하지만 소비자가 항상 새로운 것을 추구하고 있다는 것도 사실입니다. 따라서 같은 메시지를 계속 사용하면 진부화될 수밖에 없습니다. 특히 베스트바이가 취급하는 것은 하이테크상품이 많기 때문에 최첨단 이미지를 계속해서 부여하는 것이 중요합니다. 따라서 'TWELPFORCE'의 핵심 콘셉트는 유지하면서 다양한 형태로 전개해 항상 유니크한 화제를 제공해나갈 필요가 있다고 생각합니다.

STEP

5

R3 플래닝의 실전

360도 원스톱 플래닝의 대응

과거 광고회사의 플래닝 부문은 '마케팅', 'SP', '크리에이티브'와 같이 전략입안부대와 시책실행부대를 나눈 완전분업 체제가 주류였다. 마케팅팀이 전략입안을 담당하고 각종 소비자 조사와 함께 브랜드 인식의 실태, 대상상품의 이용실태나 NEEDS, WANTS, 생활가치관 등을 세세하게 분석하여 브랜드의 포지션이나 콘셉트를 설정하고 캠페인에서 전달해야 할 메시지의 방향성을 좁히는 작업을 해왔다.

한편 마케팅팀이 설정한 전략이나 캠페인 프레임에 따라 시책실행을 담당했던 것이 크리에이티브팀과 SP팀이었다. 크리에이티브팀은 TV광고나 신문광고와 같은 전형적인 포맷에 어떤 아이디어를 정착시킬 것인가를 고심하고, SP팀은 구체적인 프로모션 시책의 아이디어를 생각하고 그것을 하나의 형태로 만들어갔다.

그러나 요즘은 소비자 접점이나 구매시의 참고 매체가 이전과는 비교도 할 수 없을 만큼 다양화하여 '4대 매체+SP'(신문, 잡지, 라디오, TV광고 출고 + 세일즈프로모션)라는 전형적인 미디어에 의한 논리가 통용되지 않게 되었다. 때문에 위에서 언급한 구태의연한 조직체계로는 대응하기 버거운 상황이 자주 등장하게 된 것이다.

여기서 ADK 플래닝부문에서는 미디어 환경과 소비자의 구매행동의 변화에 대응하기 위해 6년 전, 전략입안과 시책입안 사이의 벽을 허물 수 있는 조직개혁을 실시하였다. 이것은 '소비자를 둘러싼 360도의 체험접점'을 유연하게 접목시킨 통합커뮤니케이션 활동을 원스톱으로 제공가능하도록 하기 위한 개혁이다.

새로운 시대의 통합형 커뮤니케이션을 기획 · 실행하기 위해서는 인사이트 분석, 전략입안, 시책 아이디어 개발과 같은 워크플로우(*Work-flow*)를 단절 없이(*Seamless*) 원스톱으로 완결할 수 있는 체제를 정비하는 것이 무엇보다 중요하다고 생각된다.

R3의 플래닝 플로우

R3 플래닝의 실전에서 우리는 이하 4개의 포인트를 행동규범으로 한다(〈도표 5-1〉)

1) 동적이면서 다층적인 소비자 통찰(인사이트)에 대한 집념
2) 커스터머 저니(*Customer Journey*)를 베이스로 한 구매행동 시나리오의 작성
3) 3개의 R을 높이는 360도 체험접점의 디자인
4) 3개의 R에 의한 커뮤니케이션 효과지표 관리

도표 5-1 R3 모델의 플래닝 플로우

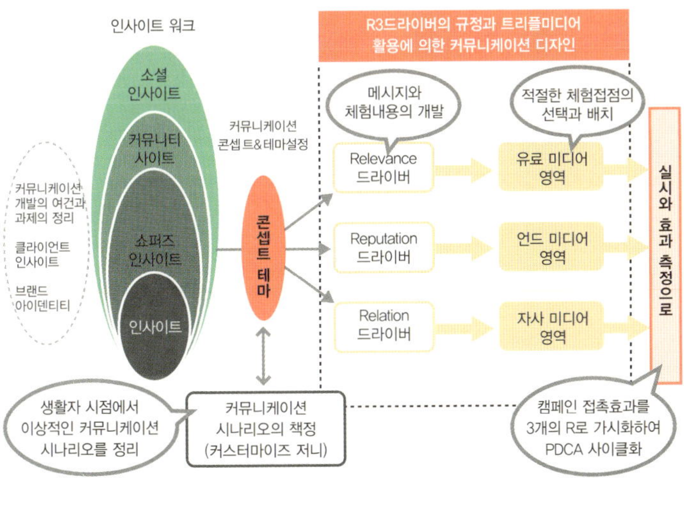

이러한 4개의 포인트는 그 자체가 일상적인 작업 플로우라는 점이다. 이 4개의 스텝에 따라 R3모델의 커뮤니케이션 설계에 관해 소개하고자 한다.

또한 커스터머 저니란 고객의 브랜드 접촉의 경험을 처음부터 마지막까지 되짚어보며 분석하는 방법이라고 한다.

Step1. '동적이면서 다층적'인 소비자 통찰을 통해 힌트를 찾자

첫 스텝은 브랜드가 소비자에게 제공해야 하는 본질적 가치를 규정하는 작업이다. 본질적 가치란 소비자의 브랜드 인식이나 대상제품 카테고리의 이용실태, 미충족된 니즈 등을 정교하게 분석함으로써 발견할 수 있다.

이러한 작업 스킬은 마케터라면 누구나 습득해야 할 '필수적' 스킬이라고 할 수 있으나 R3모델에 의한 커뮤니케이션 설계에서 특히 요구되는 것은 마케터가 실제의 생활문맥(콘텍스트) 속에서 리얼하게 그 가치를 납득하고 실감할 수 있는 커뮤니케이션 시나리오를 그리는 스킬이다. 이를 위해서는 타깃이 되는 소비자의 리얼한 생활자상을 깊이 이해해야 한다는 것은 말할 것도 없다. 게다가 그 생활자상은 눈 깜짝할 사이에 변화하고 있다는 것을 전제로 해야 할 것이다.

생활자상을 파악하기 위해서는 정량조사를 통한 소비자의 '정적인 의견'만으로는 부족하다. 머릿속에서 정리된 말보다 실제행동에 진실이 숨겨져 있기 마련인 것이다. 소비자 자신이 자각하지 못하는 다양한 잠재욕구나 이성적 측면으로 치우치지 않은 일상적인 소비행동을 동적으로 파악하는 조사 및 분석도구를 활용하여 인사이트 분석의 질을 높이려는 노력을 게을리 해서는 안 되겠다.

또한 정성(定性)조사에서도 비디오 행동 관찰법[1]이나 홈 비지팅 조사[2] 등을 통한 생생하고 다이내믹한 소비자 통찰이 중요한 힌트로 이어지는 경우가 많다. 여전히 정성조사의 주류는 유사한 속성을 가진 몇 명의 그룹을 모아 의견을 물어보는 그룹 인터뷰인데, 다른 사람의 시선을 의식한 단편적인 발언을 근거로 소비자 본인도 모르는 근원적인 욕구나 욕구를 자극하는 무언가를 찾기는 쉽지 않다.

타깃에게 자기것화를 유도하기 위한 아이디어를 얻기 위해서는 소비자 통찰을 다이내믹하게 받아들이고 더욱 실제적인 생활동선에 밀착한 소비자 분석을 실시할 필요가 있다(〈도표 5-2〉).

도표 5-2 인사이트 워크에서 활용하는 주요 방법

소비자 스스로가 자각하지 못하는 '본질적인 가치관이나 욕구'를 알아내기 위해
이하의 조사방법을 적극적으로 활용하는 것이 바람직하다.

◎ 대화·관찰

- 인터뷰(FGI, 심층 인터뷰, 프랜드십·셀…)
- 비디오 에스노그래피, 홈 비지팅

◎ 섀도잉(소비현장, 매장…)

◎ 투영

◎ 비주얼·사진 연상·메타포 분석

◎ 콜라주

◎ 제품·사진 분류

◎ 문장·단어 보완 등

1 관찰 비디오에 찍힌 대상자의 언동으로부터 의미를 추출해 내는 조사방법.

2 방문조사.

다층적인 인사이트

또한 현재는 가치관이 다양해지고 정보미디어가 복잡해지고 있으므로 갈대와 같은 소비자의 마음을 얻기 위해서는 타깃의 욕구나 행동에 직접 혹은 간적접으로 영향을 미치는 많은 요인에 골고루 주목할 필요가 있다.

R3 플래닝의 실전에서는 원칙적으로 이하의 인사이트를 다면적으로 살펴보는 것이 첫 걸음이 된다.

1) 소셜 인사이트

제품이나 브랜드 및 타깃을 둘러싼 사회나 시대적 분위기의 통찰

2) 커뮤니티 인사이트

타깃이 소속된 커뮤니티의 가치관이나 욕구의 통찰

3) 미디어 인사이트

타깃이 각종 미디어에 접촉할 때의 기분이나 미디어 접촉에 따른 태도 및 행동변화의 통찰

4) 쇼퍼즈(*Shopper's*) 인사이트

점포나 EC사이트 등 구매단계에 있는 소비자 마음의 움직임을 통찰

가게에 들어선 순간 소비자의 기분은 변하기 쉬워진다. 자사 브랜드를 구매하려는 계획 구매자에게 최후의 유인책이라고 할 수 있는 인사이트는 무엇인가 하는 고민을 잊어서는 안 된다. 또한 동시에 자사 브랜드를 검토하고 있지 않은 잠재고객에 대해서도 브랜드 스위치나 충동구매를 유발할 수 있는 인사이트는 무엇인지 찾으려는 노력도 필요하다.

이외에도 '카테고리 인사이트', '채널 인사이트', '클라이언트 인사이트' 등 이해 관계자들의 인사이트를 찾는 것도 중요하다.

다층적인 인사이트 분석을 통해 타깃과 해당제품, 브랜드와의 관계성을 다양한 각도에서 통찰할 수 있게 된다. 그 통찰결과를 간결한 문서로 정리하여 모든 팀원이 공유하는 것이 팀단위의 브랜딩 작업의 시작점이 된다.

인터그레이트의 CEO인 후지타 야스히토[藤田康人] 씨는 그의 저서 《어떻게 전하면 사고 싶어질까》에서 앞으로의 마케팅의 모습에 대해 고찰하고 있다. 먼저 광고 크리에이티브와 정보 크리에이티브를 아래와 같이 분류하고 있다.

광고 크리에이티브란 캐치 카피나 비주얼의 퀄리티로 승부하는 것이지만 정보 크리에이티브는 광고라는 틀에 얽매이지 않는 중립적인 메시지 발상법(*Method Neutral*)이다. 중립적 메시지 발상법이란 형식이 없이 자유롭다는 것을 의미한다. 극단적으로 이야기하면 크로스 오버를 넘어 통합마케팅을 통해 창조하는 것이 영향력을 가진 고품질의 정보를 만든다는 의미이다. 나아가 후지타 씨는 요즘 시대에는 광고 크리에이티브뿐만 아니라 정보 크리에이티브가 중요하다고 말한다.

정보 크리에이티브는 소비자, 소셜, 미디어, 유통의 4개의 관점(인사이트)으로 구성된다고 한다. 먼저 소비자는 무엇을 듣고 싶어하는 것인가라는 소비자의 본심을 알게 된다. 다음으로 미디어가 다루고 싶어하는 정보란 어떤 것인가를 알고 마지막으로 사회의 흐름을 찾는다. 그리고 유통의 실정이나 그에 대한 생각을 찾는다는 것이다.

또한 소비자 인사이트에는 앞서 이야기한 것처럼 어떤 메시지라면 듣고 싶어하는 것인가라는 관점과 동시에 어떤 메시지라면 다른 사람에게 전하고 싶어질까라는 관점도 있다. 이러한 소비자의 정보발신 인사이트도 포함한 정보 크리에이티브는 소비자, 미디어 그리고 유통을 서포트화하는, 즉 S into C 커뮤니케이션의 활성화에 없어서는 안될 관점이라고 할 수 있다.

그렇다면 소셜, 커뮤니티, 미디어[3] 각각의 인사이트에 대해 아래에서 자세히 설명하도록 하겠다.

소셜 인사이트—사회 전체의 마음의 움직임을 잡는다

'히트 광고는 시대를 비추는 거울'이라는 말은 예전부터 있었던 말이다. 요즘에는 단순히 광고 표현상의 아이디어가 시대의 분위기를 비추는 것뿐만 아니라 제품이나 브랜드가 제공하는 가치 자체가 사회와의 밀접한 관계를 빼놓고는 말할 수 없는 경우가 많아지고 있다.

최근 몇 년의 히트 상품이나 큰 반향을 일으킨 캠페인에는 친환경이나 사회공헌을 테마로 한 것들이 돋보인다. 이러한 캠페인을 담당하게 되었을 때는 제품이나 브랜드, 소비자와 그것을 둘러싼 사회와의 관계성에 대해 한층 더 깊게 통찰하고 사회적 가치를 더욱 강하게 하기 위

3 후지타 야스히토[藤田康人] 씨의 정의에 의하면 미디어 인사이트라는 것은 미디어가 취급하고 싶어하는 정보가 어떤 것인가 하는 것을 찾는 인사이트, 즉 미디어 회사, 기자의 인사이트이다. 이 책에서는 미디어에 대한 소비자의 인사이트를 미디어 인사이트라고 정의한다. 유통 인사이트는 후지타 씨와 같이 이 책에서도 어떠한 상품이라면 매장에 진열하고 싶을 것인가라고 하는 유통의 인사이트로 정의하고 있다. 나아가, 가게에 들어갔을 때 소비자의 인사이트는 쇼퍼즈 인사이트(*Shopper's Insight*)라고 정의한다.

한 아이디어를 만들어 내지 않으면 안 된다.

이를 위해서는 세분화된 타깃의 생활욕구나 라이프스타일 성향을 분석하는 것뿐만 아니라 사회 전반을 아우르는 시대의 분위기와 제품이나 브랜드와의 연결고리를 찾는 작업이 중요해진다.

소셜 인사이트를 규정하는 작업은 작업 포맷의 정형화를 이루기 어렵다. 분석자의 주관적인 가설을 바탕으로 사회나 시대의 분위기라는 애매한 것에 키워드를 끼워 넣는 작업이기 때문이다. 개인의 주관에 의지할 수밖에 없는 부분이 있다고는 하나 관점이 극단으로 치우치지 않기 위한 주의가 필요하다. 필자가 소속된 부서에는 가설구축 단계에서는 중간 간부급부터 사원급을 중심으로 한 몇 명의 사람들로 이루어진 세션에서 진행하는 경우가 많다.

잡지기사나 신문보도 등 사회 트렌드 정보의 한편에서 세상 분위기의 흐름을 읽어내고 그것을 바탕으로 여러 멤버들이 논의를 거친다. 그리고 관련된 정량조사의 분석결과를 더해 가설구축의 정밀도를 높이는 흐름으로 진행되는 경우가 많다. 근거가 되는 정량 데이터에는 동일 패널들의 대규모 소비자 의식 조사결과에 시계열 분석을 더한 것을 사용한다.

세상 분위기의 흐름을 읽기 위해서 ADK에서는 'ADK 생활자 통합조사(A-BMR)'(〈도표 5-3〉)라는 싱글소스 데이터베이스를 활용하여 다양한 사회적 가치관의 시계열 변화를 분석하고 있다. A-BMR은 기본적인 생활가치관, 브랜드 인식 및 제품 사용실태 나아가 미디어 접촉상황까지 모두 망라한 대규모 소비자 조사이며 다양한 방향에서 사회적 의식 조류의 시계열 변화를 파악할 수 있다.

도표 5-3 ADK 생활자 통합조사(A-BMR)의 주요 조사항목

중학생부터 60대까지 대규모 싱글소스 조사에 의해 다양한 각도에서 의식 트랜드의 변화를 분석.

일상의 행동

- ⊙ 생활 시간대별
  - ·행동실태
  - ·광고접촉
  - ·미디어 접촉
- ⊙ 취미
- ⊙ 레저
- ⊙ 배우기

의식·가치관

- ⊙ 생활가치관
- ⊙ 돈을 들이고 싶은 분야
- ⊙ 식생활에 대한 의식
- ⊙ 건강에 대한 의식
- ⊙ 주거에 대한 의식
- ⊙ 쇼핑에 대한 의식
- ⊙ 가족에 대한 의식
- ⊙ 환경에 대한 의식

의식·가치관

- ⊙ TV ·라디오 시청 실태
- ⊙ 좋아하는 TV 프로그램
- ⊙ 신문·잡지 열독 실태
- ⊙ 신문·잡지의 이미지
- ⊙ 자가용
- ⊙ 인터넷 이용
- ⊙ 자주 가는 동네·역
- ⊙ 이용 교통기관·상업시설

일상의 행동

- ⊙ 이용상품
- ⊙ 향후 이용하고 싶은 상품

기타

- ⊙ 생활의 활력
- ⊙ 소중하게 생각하는 문구
- ⊙ 지금 시대에 소중한 문구

커뮤니티 인사이트—
소속집단에서 화제가 되는 '소재'를 찾자

예를 들어 젊은 여성 직장인층의 생활일기 조사를 분석하다 보면 그녀들이 다양한 커뮤니티에 소속되어 있다는 것을 알 수 있다. '부모님을 포함한 4식구가 함께 살고 있는 26세 독신이자 장녀인 나', '상품개발부 대리로서의 나'에 추가해서 회사 끝나고 귀가시 들리는 '모 피트니스 클럽의 파워요가 회원인 나', '입사동기 여자 한정 식도락 헌터 모임의 나'….

실제 사회에서 Face to Face의 커뮤니티뿐만 아니라 SNS 등의 온라인상에서도 무수한 커뮤니티가 존재한다. '모교 동창 커뮤니티', '한류 아이돌 ○○의 팬클럽', '화장품 ○○의 팬클럽' 등 실제 교우관계에서부터 온라인상에서만 연결된 취미나 관심영역별 네트워크까지 참가하려고 마음만 먹으면 가볍게 100개 정도의 커뮤니티에 소속될 수 있는 시대이다.

R3모델에서는 타깃이 소속된 커뮤니티에서 브랜드의 평판형성 및 지원자 육성의 영향력을 중시하고 있다. 그리고 커뮤니티 내에서의 평가형성이나 지원자 육성에 꼭 필요한 것이 커뮤니티 속에서 화제가 될 수 있는 '소재'이다. 화제 환기를 위한 커뮤니케이션 아이디어의 개발에서는 아래와 같은 방법으로 커뮤니티 고유의 가치관이나 욕구에 대해 통찰하고 있다.

과거에 ADK가 담당했던 청소년 타깃 음료인 '브랜드 X'의 캠페인 기획에서는 탄산음료 카테고리나 브랜드에 대한 정량적인 의식 · 구매 행동 조사 및 그룹 인터뷰와 함께 그들의 생활필드에 밀착한 행동관찰법 조사(*Ethnography*)를 통해 핵심 아이디어를 추려갔다. 구체적으로는 복수의 친한 고등학생 친구그룹을 플래너가 직접 밀착 동행하여 그녀들의 방과후 일과를 자세히 관찰하는 것이었다. 평소 그녀들이 자주 가는 거리나, 자주 가는 가게에서의 쇼핑 모습, 그리고 그곳에서 주고받는 친구들끼리의 대화, 도중에 들른 패스트푸드점에서의 화제 등 그녀들의 평상시 모습을 관찰함으로써 커뮤니티 인사이트를 좁혀나갔다.

그녀들의 커뮤니티 인사이트를 요약하면 다음과 같다. 공통언어는 한창 인기가 있고 신나는 음악. 그런 음악을 주제로 분위기가 달아오른다. 좋아하는 가수의 라이프스타일이나 패션을 동경하고 옷과 머리 모양을 따라하고 싶어한다. 평소의 생활은 학원이나 동아리 활동으로 바쁘다. 생활은 비교적 모범적이며 반복되는 일상. 가끔은 콘서트나 노래방에서 미친 듯이 놀고 싶다. 음료수를 고를 때에는 패키지의 색상이나 디자인을 체크한다.

이러한 인사이트 분석으로부터 만들어진 것이 '청소년들이 주목하는 한창 인기 있고 발랄한 그룹 가수와의 콜라보레이션'이라는 캠페인 아이디어이다. 음악을 테마로 한 이 캠페인은 일반적은 음료 캠페인에는 없었던 유니크한 접점과 체험을 다양하게 제공하여 성공할 수 있었다(〈도표 5-4〉).

도표 5-4 틴에이저를 위한 탄산음료 'X'의 캠페인 전개구조

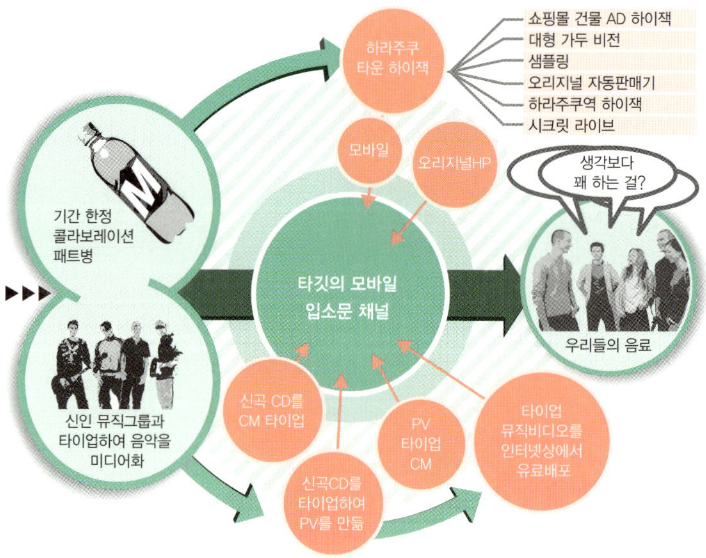

미디어 인사이트—
소비자에게 효과적인 체험접점을 찾자

예전과는 달리 매스미디어에 자신의 생활을 맞추거나 매스미디어가 생활 속에 자리 잡고 있는 시대가 아니다. 인기 프로그램이 시작하는 시간에 맞춰 헐레벌떡 귀가하는 것도, 아침식사를 하면서 신문을 구석구석 읽고 난 후 출근하는 것도 과거의 습관이 되어 잊히려 하고 있다. 출근 중에 잡지를 읽는 시간도 문자나 스마트폰의 정보수집 활동에 빼앗기고 있다(〈도표 5-5〉).

또한 같은 메시지라도 미디어가 바뀌면 수용자에게 전달하는 방식이 바뀌는 경우도 있다. 예를 들면, 사과한다는 내용의 광고를 만화잡지에 게재한다면 독자는 기업이 사과하고 있다고 받아들이지 않을 것

도표 5-5 타깃의 생활행동과 미디어 접점 상황

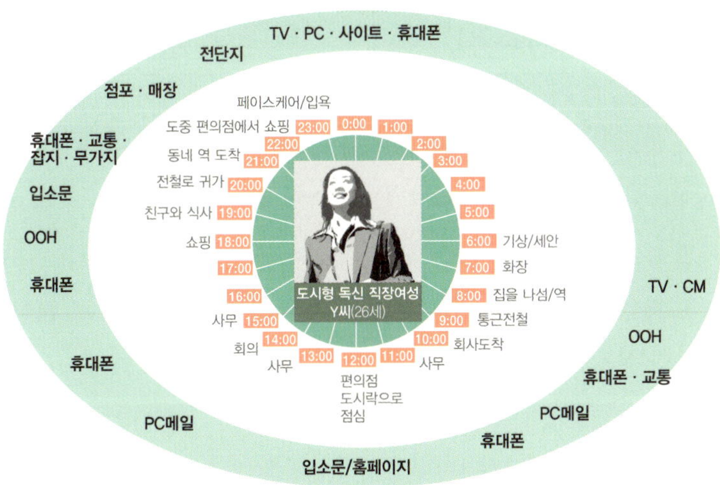

이다. 사과광고는 신문 등 사과광고에 맞는 미디어에 게재함으로써 처음으로 그 기능을 발휘할 수 있다. 이것은 극단적인 예이지만 메시지의 내용과 메시지를 전달하는 미디어와의 궁합, 즉 미디어가 가진 질적인 전달가치를 고려하는 것을 잊어서는 안 된다.

따라서 플래너는 소비자의 구매행동 프로세스를 꼼꼼하게 파악하고 방대한 소비자 접점 중에서 미디어가 가지는 양적 가치와 질적 가치 모두를 감안하여 타깃의 생활문맥에 스며들고 무의식중에 자기것화를 촉진시킬 수 있는 체험접점을 발견할 필요가 있다. '어느 접점에서, 어떤 정보를 전하고, 어떤 체험을 제공하며, 어떤 기분으로 소비자를 만들어 줄 것인가'라는 커뮤니케이션 시나리오의 제시가 강하게 요구되고 있다.

미디어 접촉상황을 파악하자

미디어 인사이트를 파악하기 위해서는 일상적인 '미디어 접촉상황'과 '체험접점 연쇄'의 두 방향으로 접근하는 것이 효과적이다.

먼저 미디어 접촉상황의 파악은 앞서 이야기한 'ADK 생활자통합조사'(A-BMR)를 활용하면 소비자의 미디어 접촉과 소비행동의 관계를 분석할 수 있다. 예를 들면, '휴대용 영양보조식품을 자주 먹는 20대 여성의 미디어 접촉상황'과 같은 크로스 집계결과를 바탕으로 대상 카테고리의 신제품 캠페인에서의 체험접점을 설계한다고 하자.

R3모델의 플래닝 작업에서는 이러한 정량분석뿐만 아니라 정성분석을 더함으로써 타깃의 미디어 접촉상황을 있는 그대로 받아들이는

것이 바람직하다. 대표적인 정성분석 도구로써 아래 소개할 'ADK 미디어 타임라인 맵'이 있다. 타깃의 미디어 인사이트를 타임라인으로 파악함으로써 미디어 접촉상황을 미시적으로 관찰하고 분석할 수 있다.

이 맵의 목적은 생활일기 조사와 심층 인터뷰로부터 얻은 미디어 접점의 실태를 타깃의 생활 타임라인상에 나열함으로써 타깃의 생활문맥을 동적으로 파악하는 것이다.

이 20대 후반 사무직 여성의 미디어 접촉의 특징은 먼저 스마트폰을 활용하여 뉴스를 읽거나 트위터 등으로부터 최신 정보를 효율적으로 얻고 있다는 것이다. 또한 집에 있을 때도 TV, PC, 스마트폰이 있는 트리플스크린 상태이며 친구나 지인의 입소문에 민감하게 반응한다는 것을 알 수 있다.

이 여성과 같이 매스미디어에 대해 수동적이지 않고 정보수집에 능동적인 타깃을 대상으로 한 캠페인을 생각해 볼 경우 트위터상 브랜드의 공식계정을 개설하여 자신도 모르게 친구나 지인에게 리트윗하고 싶어지는 유익하고 재미있는 콘텐츠를 발신할 수 있다. 또는 TV광고와 스마트폰을 연동한 콘텐츠나 어플리케이션을 준비하는 등의 방법이 효과적이라고 생각할 수 있다.

이상이 미디어 접촉상황의 분석으로부터 도출한 캠페인 접점의 설계사례이다.

효과적인 체험접점을 좁혀가자

다음은 35~49세의 도시형 샐러리맨 남성을 타깃으로 한 컴퓨터의 캠페인을 한다고 가정하고 체험접점을 생각해 보자.

체험접점 분석에 활용한 데이터는 제3장에서 인용한 데이터와 마찬가지로 ADK의 '체험접점 조사'이다. 분석 대상자를 35~49세의 샐러리맨 남성이라고 한정하여 '과거 1년 이내에 사비로 컴퓨터를 구입했다'라는 조건으로 크로스 집계한 해당 데이터에 고유의 접점체험 상황을 분석하였다.

체험접점 분석(EX-PM조사)의 결과 다음과 같은 것들을 알 수 있었다(〈도표 5-6〉).

도표 5-6 PC 카테고리의 EX-PM 조사분석 예시

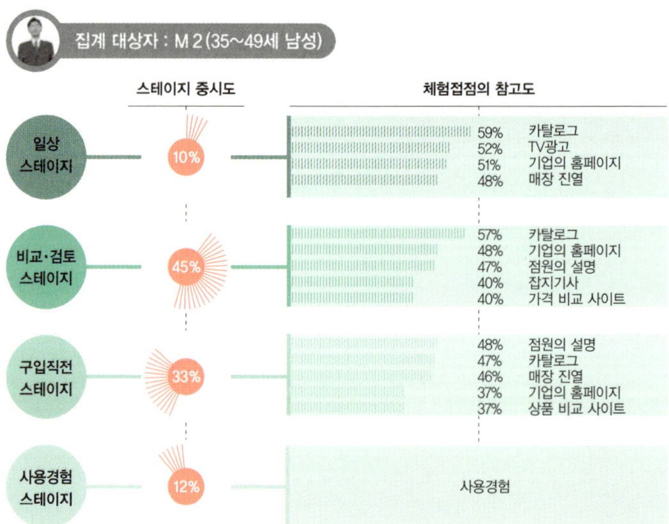

먼저 일상 스테이지에서 구매의사를 결정한 사람은 10% 정도로 많지 않지만 카탈로그나 기업의 웹사이트 등 내용의 이해를 돕는 정보 접점의 참조도가 높다. 그리고 비교검토 스테이지에서 구매의사를 결정한 사람이 45%로 가장 많았으며 체험접점은 카탈로그, 웹사이트 이외로는 점원의 설명이나 상품 비교 사이트 등 제3자의 평가나 입소문 정보의 참조도가 높은 것을 알 수 있다. 또한 비교검토 스테이지에 이어 구매 영향도가 높은 구매직전 스테이지도 체험접점은 비교검토 스테이지와 거의 같은 결과였다.

이러한 체험접점의 실태로부터 '제조사가 발신하는 광고정보뿐만 아니라 다른 사람의 객관적인 평가를 중시하면서 기능이나 성능을 꼼꼼히 비교하는 신중한 구매태도나 행동'을 추측할 수 있다.

이러한 인사이트를 바탕으로 구체적인 접점과 체험내용을 생각하면 다음과 같은 아이디어가 생겨난다.

먼저 소비자의 자기것화를 획득하기 위해 TV광고에서 실제로 사용하여 만족하는 유저의 증언광고를 전개한다. 동시에 웹 콘텐츠에서도 TV광고를 연동시켜 실제 고객만족도 조사결과를 바탕으로 기능이나 특징을 설명한다.

또한 관계성(*Relationship*)을 높이기 위해 대형 가전 할인점 부근의 역사에서 터치 & 트라이 이벤트를 실시하고 '이후에는 직접 가게로 가셔서 체험해 주시고 점원의 평가도 확인해주세요'라며 가까운 매장으로 유도한다. 나아가서는 트위터의 공식계정을 활용하여 업무를 진행함에 있어 스마트한 PC활용법에 대한 화제를 발신한다. 유저로부터 받은 아이디어도 동시에 모집할 수 있는 전개방식이라고 할 수 있다.

이상이 체험접점의 분석을 바탕으로 캠페인에 최적화된 체험접점의 구축을 목표로 한 사례이다.

Step 2. 구매행동 시나리오(커스터머 저니)를 그리자

인사이트 분석의 다음 스텝은 구매행동의 시나리오화이다.

어떤 상품이나 브랜드라도 구매의욕이 생긴 후에 실제로 구입하거나 사용하기에 이르기까지는 일정한 시간을 필요로 하며 그 시간 동안 다양한 '구매에 영향을 미칠 것이라 예상되는 정보나 체험'을 접하게 된다. 자동차와 같이 고가의 내구성 소비재의 경우는 그 시간이 특히 길며, 음료나 과자 등 편의점에서 간편하게 살 수 있는 저가 소비재는 그 시간이 짧은 경향이 있다. 전자는 구매태도가 신중하며 후자는 그렇지 않은 경우도 있다.

R3모델의 플래닝의 실전에서는 상품속성에 구애받지 않고 소비자의 구매행동을 시나리오화하여 그 시나리오에 따라 중립적인 미디어 관점에서 구매에 영향을 미치는 다양한 '핫 버튼'(*Hot Button*)을 설치하는 것이 중요하다.

상품이나 브랜드와의 만남부터 어떻게 브랜드를 자기것화의 대상으로 인식하여 평판형성에 참가하고 최종적으로 브랜드와 끈끈한 관계를 구축해 나갈 것인가. 소비자의 일련의 마음의 움직임과 행동을 시나리오에 적용시켜가는 과정은 커뮤니케이션 플래너로서 업무의 재미와 보람을 가장 크게 느낄 수 있는 것이기도 하다.

성공하는 시나리오를 그리기 위해서는 많은 경험이 필요하나 다양한 가능성 중에서 하나의 명쾌한 시나리오를 찾았을 때의 성취감은 크다.

'생활문맥'×'미디어 인사이트'에 따라 체험 시나리오를 그리자

타깃의 인사이트를 동적으로 파악한 후에는 타깃의 생활문맥상에 '어떤 접점으로 어떤 체험이나 정보를 제공하여 타깃의 마음을 움직일 것인가'라는 시나리오를 그린다. 이때 아이디어를 확장하는 데 효과적인 도구가 바로 '생활 타임라인 맵'이다.

시뮬레이션 플랜: 가상 샴푸 브랜드 'X'의 경우

이제 A사에서 새롭게 발매된 프리미엄 샴푸 브랜드인 'X'의 체험 시나리오를 그려보자.

이 제품의 특징은 '자연친화적 성분에 의한 케어성분이 머리카락 속부터 활력을 불어 넣어 주고 자연스러운 머리카락의 윤기를 유지시켜 준다'라는 것이다. 클라이언트로부터 제시된 브랜드 콘셉트는 '오가닉 뷰티'이며 예상 타깃은 헤어케어에 대한 의식이나 패션에 민감하며 도시형 라이프스타일을 누리는 F1 여성층이다(〈도표 5-7〉).

먼저 헤어케어에 높은 관심을 가지는 F1층(20~34세 여성)의 전형적인 생활 타임라인을 가정하고 24시간이라는 시간축과 타깃의 생활동선 위에 효과적인 접점 및 메시지나 체험내용을 접목시킬 수 없는지 생각해 본다. 이 타임라인은 24시간인 경우도 있지만 1주일 이상인 경우도 있다. 또한 구매로 완결되는 시나리오도 있을 수 있으며 구매 후까지 이어지는 경우도 있다. 캠페인의 특성에 맞는 타임라인의 축으로 설계하는 것이 중요하겠다.

도표 5-7 가상 샴푸 브랜드 'X'의 콘셉트

제품속성	프리미엄 이미지의 데미지 케어 샴푸
제품 USP	엄선된 천연소재에 의한 데미지 케어 기능
예상 타깃	헤어케어 의식, 패션 감성이 높으며 도시형 라이프스타일을 지향하는 F1 여성층

브랜드 콘셉트

오가닉 뷰티

5대륙에서 엄선한 천연식물의 헤어케어 성분이
머리카락의 내부에서부터 활력을 주고 자연스러운
머리카락의 윤기를 유지시켜 줌.

도표 5-8 타깃의 생활행동과 미디어 접점 상황

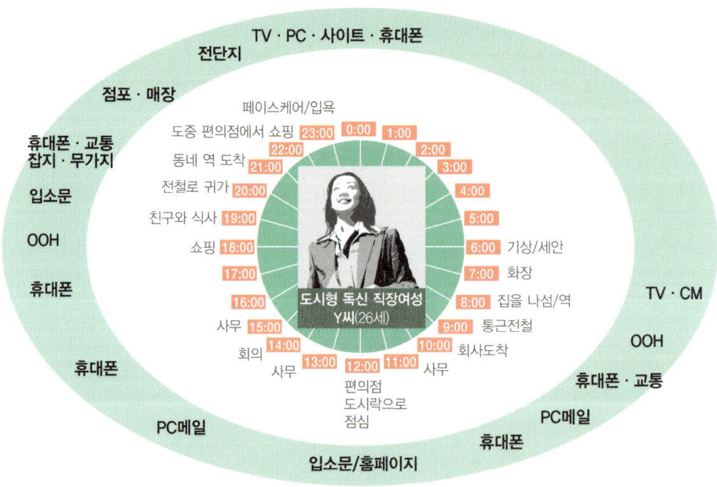

ADK 생활자통합조사(A-BMR)의 데이터를 활용하여 위의 타깃으로 크로스 집계된 미디어 접촉실태 데이터와 앞서 이야기한 미디어 타임라인을 실제 생활문맥이나 동선상에 접목시킨 결과 〈도표 5-8〉과 같은 맵이 완성될 수 있었다.

이 맵으로부터 Y씨는 평일에는 회사출근은 물론 퇴근 후에도 바쁘게 행동하고 있는 것을 알 수 있다. 정보수집 행동은 적극적이며 또한 실제 체험에 근거한 입소문을 중요시하고 있다. TV는 출근 전과 귀가 후에 습관적으로 보고 있으나 귀가 후는 TV, PC, 휴대전화를 동시에 이용하는 트리플스크린 상태가 많을 것이라 예상된다.

또한 타깃의 생활 가치관이나 카테고리 니즈, 생활문맥과 미디어 인사이트와의 관계를 고려하여 캠페인 설계의 포인트는 매일 바쁜 속에서도 브랜드와의 관계성을 강하게 인식할 수 있는 아이콘적 요소를 아침부터 저녁까지 지속적으로 접촉할 수 있도록 다층적으로 배치한다. 다음으로 동료나 친구 등 같은 또래의 입소문을 유발할 수 있는 접점을 설계하고 휴대전화나 스마트폰 등의 모바일 온라인 콘텐츠를 활용하여 신속하게 정보나 입소문으로 이어질 수 있는 루트를 만드는 등의 가설을 세울 수 있다

이 가상 캠페인의 24시간 체험 시나리오(커스터머 저니)를 작성하면 〈도표 5-9〉와 같다.

도표 5-9 가상 캠페인의 체험 시나리오

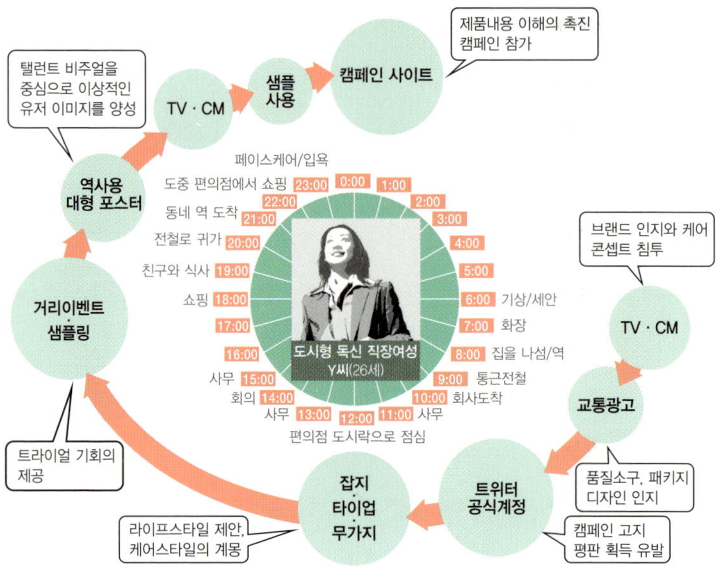

Step 3. R3 드라이버를 개발하자

R3모델을 기반으로 하는 커뮤니케이션 설계에서는 이상적이라고 생각되는 구매행동 시나리오에 따라 브랜드의 '자기것화', '평판화', '파트너화'를 촉진하기 위해 다양한 아이디어를 생각하고 구체화시켜간다.

앞선 시뮬레이션 플랜에서 설정한 커스터머 저니를 바탕으로 3개의 R을 높일 수 있는 아이디어를 검토해보자.

체험접점의 정리와 각각의 R 드라이버의 배치

다양화된 미디어나 체험접점을 마구잡이로 끼워 맞추는 것으로 실효성이 높은 플랜이 탄생하기는 어렵다. 먼저 방대한 접점 중에서 자기것화, 평판화, 파트너화를 효율적으로 진행시키기 위한 철칙을 염두에 두고 기획을 진행시키도록 하자.

트리플미디어에 의한 접점의 분류는 앞 장에서 자세히 다루고 있으므로 여기서는 상세한 설명은 하지 않겠으나 3개의 'R 드라이버'와 트리플미디어의 관계를 다음과 같은 철칙으로 대체시켜 보자.

1) '자기것화 드라이버'는 유료 미디어(*Paid Media*)가 핵심이다.
2) '평판화(*Reputation*) 드라이버'는 언드 미디어(*Earned Media*)가 핵심이다.
3) '파트너화(*Relationship*) 드라이버'는 자사 미디어(*Owned Media*)가 핵심이다.

물론 예외도 있으나 여기서는 R3 드라이버의 역할과 실제 접점과 접목시키는 프로세스를 쉽게 이해하기 위해 위의 철칙을 바탕으로 가상 캠페인의 전개 플랜을 생각해 보도록 하겠다.

자기것화 드라이버의 아이디어 개발

정보의 홍수 속에서 '자기것화'의 대상으로 인식되기 위해서는 유료 미디어를 통해 통제가능한 정보를 발신함으로써 일정수준 이상의 도달률을 획득할 필요가 있다. 그러나 중요한 것은 인지뿐만 아니라 공감 · 공명할 수 있을 정도의 메시지의 질이어야 할 필요가 있다는 것이다. 이 장의 앞부분에서 설명한 다층적인 인사이트 중에서 '소셜 인사이트', '커뮤니티 인사이트'가 매우 중요한 의미를 갖는 것은 타깃의 마음을 움직이기 위한 힌트를 찾을 수 있는 프로세스이기 때문이다.

그렇다면 앞서 이야기한 가상의 샴푸 브랜드 'X'를 예로 들어 자기것화의 대상으로서 공감을 가지고 수용할 수 있는 메시지나 아이디어를 생각해 보자. 이 브랜드의 전략 타깃층의 인사이트 분석을 통해 도출된 가치관 키워드는 아래와 같다.

1) 소셜 인사이트

ECO&Relax: 지구환경 의식의 고조, 무리하지 않고 흐르는 대로 순응하는 삶

2) 커뮤니티 인사이트

여자모임: 동성의 친구들과 멋진 체험들을 많이 공유하고 싶어함

3) 카테고리 인사이트

스테디셀러(*Steady Seller*)로의 회귀: 신상품에 마음을 빼앗기기보다는 오랜 시간 애착을 가지고 사용할 수 있는 브랜드가 갖고 싶음

브레인스토밍을 통해 위의 키워드에 대해 고민하고 연상게임과 같이 아이디어를 확장시킨 결과 자기것화 드라이버의 핵심 아이디어를 아래와 같이 정리할 수 있었다.

아이디어

소비자의 참가에 따라 스토리가 변화하는 브랜드 광고의 시리즈 전개

내 용

- 전 국민의 사랑을 받고 있는 아이돌 그룹 'M'과의 콜라보레이션을 통해 지구의 아름다움을 이야기하는 내용의 신곡을 발매하고 광고음악으로 활용한다.

- TV광고는 비슷한 또래의 인기모델 3명이 함께 세계 곳곳을 여행하면서 각 지역의 유명한 파워스팟을 방문하여 치유받고 건강해지는 스토리를 다룬다.
- TV광고는 1년간의 시리즈 전개이며 다음 촬영지는 타깃에 의한 온라인 투표의 결과로 결정된다. 또한 투표자 중에서 추첨을 통해 촬영지에 동행할 수 있는 기회가 주어진다.

세 번째 항목을 제외하면 타깃에 영향력이 있는 유명 연예인의 힘을 최대한 활용한 통상적인 TV광고 기획이지만 '다음 광고의 전개를 자신들의 투표로 정할 수 있다'라는 소비자 참가형의 요소를 접목시킴으로써 한층 더 자기것화의 대상으로써 광고 메시지를 받아들일 수 있는 가능성이 높아진다. TV광고를 보면서 '내가 간다면 이런 장소가 좋겠다'라는 생각을 하는 단계가 이 TV광고가 타인의 일에서 자기 자신의 일로 발전하는 것이다. 전통적인 광고기법에 소비자의 참가를 필요로 하는 아이디어를 결합시킴으로써 '자기것화 레벨'을 높이고자 하는 아이디어의 한 예라고 할 수 있겠다.

평판화(*Reputation*) 드라이버의 아이디어 개발

트위터나 페이스북, mixi 등의 소셜미디어 안의 입소문 평판 또는 매스미디어의 뉴스보도, 기사화를 통한 평판형성을 촉진하기 위한 아이디어 개발이다. 여기서의 목표는 언드 미디어 속에 '사회화'→'그룹화'→'자기것화'를 촉진시킬 수 있는 정보의 흐름을 만들고 제품이나 브랜드에 대한 기대감이나 공감을 배양하는 것에 있다.

가상 샴푸 브랜드 'X'의 캠페인에서 평판화 드라이버는 앞서 추출한 소셜 인사이트와 커뮤니티 인사이트를 둘러싼 가치관 키워드를 힌트로 하여 아래와 같은 아이디어가 될 수 있다.

아이디어

제품의 구매와 사용을 통해 자연보호 활동 지원에 참가할 수 있는 에코 프로젝트를 스타트.

내 용

- 트위터상에 캠페인 공식계정을 만들어 활동의 취지나 프로젝트 참가방법 등을 알리고 공식 사이트로 유도.
- 공식 사이트에서는 새로운 에코 프로그램의 활동내용을 소개.
- 제품 구매자는 패키지에 부착된 응모 스티커의 번호를 공식 사이트에서 입력하여 ID를 등록하면 다양한 에코 프로젝트 중에서 활동을 지원하고 싶은 프로젝트를 선택할 수 있음.
- 제조사는 캠페인 기간 중 제품매출의 일정비율을 응모자가 지원을 희망하는 프로젝트에 참가자금으로 제공. 그 진행상황은 실시간으로 공식 사이트 내에 보고됨.
- 본 프로젝트의 참가등록을 마치면 공식 사이트상의 동영상으로 CM송을 부르는 아이돌 그룹이 캠페인 참가에 대한 감사 메시지를 전달. 이 콘텐츠는 트위터 계정과도 연동하여 동영상 링크를 트위터의 타임라인상에 표시할 수 있음.

이 아이디어는 일상적인 제품사용을 통해 '세상을 좀더 좋은 방향으로 이끌어간다'라는 활동을 제조사와 유저가 함께 만들어 나간다는 관점이 새롭다고 할 수 있다. 더불어 소셜 인사이트(에코 활동의 참가 및 공헌)나 커뮤니티 인사이트(멋진 체험을 공유한다)를 반영시킴으로써 타깃 여성의 주변 전체에 파급되는 화제 환기를 위한 엔진으로써 기능하게 된다. 우리가 R3모델에서 이야기하는 소비자와 기업이나 브랜드와의 '가치공동창조'를 프로모션 활동범위에서 구체화시킨 아이디어라고 하겠다.

파트너화(*Relationship*) 드라이버 아이디어 개발

오랜 시간에 걸쳐 브랜드가 사랑을 받고 계속적으로 구매될 수 있도록 하기 위해서는 타깃을 브랜드의 팬이나 서포터로 육성할 필요가 있다. 또한 그렇게 함으로써 제품 유저로부터 주변층으로의 추천행동을 환기할 수도 있다.

파트너화를 추진하기 위한 아이디어 개발에는 어떤 포인트가 있을지 생각해 보면 '자기 자신이 경험한 좋은 체험은 친구나 지인과 공유하고 싶다'라는 타깃 인사이드를 잘 활용하는 방법이 있을 것이다. 그리고 그러한 '좋은 체험' 자체를 증폭시키기 위해 제품사용을 둘러싼 다양한 문맥에서 타깃의 생활을 윤택하게 하는 다양한 정보나 체험기회를 제안하는 것도 중요하다.

지금까지와 마찬가지로 가상 샴푸 브랜드 'X'의 캠페인 속에서 파트너화를 위한 아이디어를 생각해 보자.

아이디어

내추럴 뷰티라는 삶의 방식을 제안하는 브랜드 'X'의 온라인 매거진 창간.

내 용

- 브랜드가 이야기하는 '자연의 힘을 빌려 자연 그대로 아름답게 산다'라는 삶의 방식을 구체화시킨 라이프스타일 매거진을 웹상에서 창간한다. 휴대

전화나 스마트폰을 통해 출근 중에도 손쉽게 읽을 수 있도록 함.

- 헤어케어 정보 이외에도 내추럴&오가닉 스타일의 패션이나 식문화, 여행 등의 라이프스타일 정보를 소개하고 독자로부터 입소문 정보를 모집함.
- 독자 중에서 제품개발 어드바이서나 모니터를 모집하여 제품개선이나 새로운 아이템 개발에 관한 소비자 어드바이서로서 활동하게 함.
- 콘텐츠의 일부를 무가지(인쇄매체)로도 발행하여 캠페인 기간에는 샘플과 함께 배포.

이 기획의 포인트는 제품이 제공하는 기능적 가치뿐만 아니라 타깃층의 라이프스타일 전반을 풍요롭게 하기 위한 유익한 정보도 함께 제공하는 점에 있다. 브랜드와 소비자 사이에 정서적인 유대감을 기르고(*Engagement*) 장기간에 걸쳐 '나에게 없어서는 안될 애착이 있는 브랜드'라는 인식을 확립하는 것이 목표이다.

또한 빈도가 높은 타깃에 대해서는 '경청과 대화'의 장을 넘어서 의견이나 브랜드에 대한 애정을 건져 올릴 수 있는 장소로도 기능하게 한다. 브랜드가 제공하는 세계관을 자신에게 가장 바람직한 가치로 함께 만들어 가는 '가치공동창조'의 자세가 여기서도 일관되게 보이고 있다.

STEP

6

R3 스케일에 의한 효과측정

R3의 지표개념과 선행연구

R3 스케일의 개발요건과 유의점

R3 스케일 개발을 위한 실험조사

커뮤니케이션 디자인의 개발 프로세스는, 건축설계에 비유할 수 있겠다. 좋은 건축에는, 안전성, 내구성, 내진성 등 다항한 설계기준을 맞추는 것이 요구된다. 건축설계에서 일조, 통풍, 온열환경, 강도, CO_2 배출량 등을 계산, 시뮬레이션하기 위한 각종 지원도구가 이용되는 것과 같이, 광고 커뮤니케이션에도 요구되는 기준을 채우고, 고객과 함께 브랜드의 공동창조가치가 달성되고 있는가를 계측하는 척도와 툴이 필요하다.

이미 소개한 대로 R3는, 연관성(*Relevance*), 평판(*Reputation*), 관계(*Relationship*)의 3개의 시점에서 커뮤니케이션 디자인을 조립하는 소셜네트워크(*Social Network*) 시대의 새로운 미디어 환경에 대응한 커뮤니케이션 디자인 프레임(*Communication Design Flame*)이다.

따라서 상기 3개 R의 시점에서 커뮤니케이션이 달성되는가 아닌가를 파악하지 않는 한, 그 성과를 확인할 수는 없을 것이다.

마케팅에서는, 드러커(Drucker, 1993)도 말했듯이 "측정할 수 없는 것은 관리할 수 없다"(*You can't manage what you can't measure*)라고 하는 원칙이 있어, 측정가능한 지표를 가지지 않는 한 그 효과는 그림의 떡으로 끝나버릴 것이다. 이러한 상황에서, R3의 프레임워크에 기초를 두어서 실시한 캠페인이 실제로 어느 정도 달성된 것인지를 측정하는 지표의 개발에 착수했다.

R3의 지표개념과 선행연구

우선 3개의 R을 개념화하고, 각각의 지표와 관련되는 선행연구를 리뷰하여 지표개발의 참고로 했다.

Relevance(자기것화)

연관성(*Relevance*)의 지표개념은, '그 브랜드를 알고 있는지? 자기것화하고 있는지? 그 수준은?'을 들 수 있다.

ADK에서는, 수많은 광고 캠페인 효과측정을 직접 다루고 있어, 매스미디어를 핵심으로 하는 B to C 커뮤니케이션에 관해서는, 많은 노하우를 보유하고 있다.

그 베이스가 되는 것은, 다양한 광고효과 모델이다. 광고효과 모델에는, AIDMA 모델 등 몇 가지의 모델이 있지만, 그것들을 포괄하는 틀로서 DAGMAR 이론을 들 수 있다. 콜리(Colley, 1961)는, 목표에 의한 광고관리(*Defining Advertising Goals for Measured Advertising Results*)라는 개념으로, 커뮤니케이션의 프로세스를 미지→인지→이해→확신→행동과 같은 단계로 목표에 따라 관리하는 것을 제창했다.

연광성 지표는, 인지로부터 확신까지의 심리적 태도변용을 전제로 하고 있으므로, 이번의 커뮤니케이션 지표개발의 틀로서도 DAGMAR 이론을 이용할 수 있다고 생각했다.

연관성(*Relevance*)이라는 것은, 1990년대에 주목받은 브랜드 측정지표다. 일본어로 번역하기 어려운 말이며, 관련성이나 중요성 등으로 번역되는 적이 많았지만, 브랜드 관리의 지표로서 중심적인 위치를 차지하는 개념이었다. 연관성이 주목받게 된 배경으로는, 세상에 브랜드가 넘치고, 브랜드가 자신에게 관계가 있는 것으로서 인식되지 않는 한, 정보처리되지 않는다는 상황이 되어버리기 때문이다.

브랜드 측정지표로서, WPP그룹의 BRANDZ(1998)[1]나 영&루비컴의 BAV(1993)[2]가 알려져 있지만, 많은 구미계 광고회사가, 연관성(*Relevance*)이라고 하는 용어를 측정지표로서 사용하고 있다.

연관성 지표는, 인지, 수용, 확신의 3개의 지표로 구성했다. 인지수준에는, 비보조상기(*Unaided Awareness*)와 보조상기(*Aided Awareness*)가 있지만, 보조상기의 대상을 네이밍뿐만 아니라, 패키지나 광고에까지 확장해서 측정하고 있다.

수용수준은, 브랜드를 알고 있고 거부하지 않는 상태, 다시 말해 브랜드를 받아들이는 바탕이 정비된 상태. 확신수준은, 그 브랜드의 선택에 대하여 문자 그대로 확신을 가지고 있는 상태로서 질문항목을 개발했다.

Reputation(평판화)

평판(*reputation*)의 지표개념에는, 태도수준과 행동수준이 있다. 태도수준의 지표개념은, '그 브랜드를 화제로 삼고 싶어하는가? 추천하고 싶은가? 그 수준은?'이며, 행동수준의 지표개념은, '그 브랜드를 화제로 삼았는가? 추천했는가?'이다.

1 WPP의 글로벌 브랜드 조사 데이터베이스의 명칭. 1998년부터 결과를 매년 공표하고 있다.

2 영&루비컴사의 글로벌 브랜드 조사, 브랜드 어셋 밸류에이터(*Brand Asset Valuator*)의 약칭.

평판의 원천은 입소문에 있고, 그 연구는 브랜드 선택에 영향을 주는 요인으로서 오래전부터 행해졌다. 캣 & 래저펠드(Kat and Lazarsfeld, 1955)는, 입소문이 소비자의 브랜드 변환에 주는 영향력의 크기에 주목하고, 그 효과로 프린트 광고의 7배, 대면판매의 4배, 라디오 광고의 2배라고 발표하였다.

또, 전술한 것과 같이, 평판에는 긍정적인 평판과 부정적인 평판이 있다. 종래 브랜드의 평판 매니지먼트는, 기업홍보의 시점에서 소문에 대한 리스크 관리를 테마로서 해온 경우가 많았다. 따라서 취급한 브랜드의 단위도 기업 브랜드 수준이며, 부정적인 측면에 많이 주목하였다.[3] 그러나 소셜미디어가 발달한 현재는, 보다 일반 소비자의 발언이 많아지면서, 긍정적인 소문을 어떻게 만들어 갈지에 관심이 옮겨 가고 있다.

평판을 리스크로서 관리하는 것인가, 아니면 브랜드의 추천이나 전도와 결부되는 적극적인 추진력으로 간주할 것인가에 따라, 시책에는 큰 차이가 생길 것이다. 브랜드 커뮤니케이션 관리의 관점에서 보면, 브랜드에 대한 비판 혹은, 추천의 어느 한쪽만의 관점에서 보면 안 되고, 양쪽 모두를 파악할 필요가 있다.

평판의 측정에는, 태도수준과 행동수준이라는 2개의 지표항목을 생각할 수 있다. 행동수준의 지표항목은, 플래닝 시책에 반영시키기 쉬운 구체적인 평판행동을 파악할 수 있다는 장점이 있지만, 상품마다 소비자의 구매행동이 다르기 때문에, 상품 카테고리마다 지표항목을 따로 개발할 필요가 있다. 따라서 서로 다른 상품 카테고리간에 평판

3 특히 일본에서는 1990년대에 기업의 불상사가 계속해서 발생하여 리스크 대응의 시점이 주목을 받았다.

을 상대비교하는 것이 어렵다고 하는 결점(*Demerit*)이 있다.

이것에 대하여, 태도수준의 지표항목은, 다른 상품 카테고리간에도 공통인 지표를 설정하기 쉽기 때문에, 상품 카테고리간에도 상대비교가 가능하다는 장점이 있다. 반면, 구체적인 행동을 파악하기는 어렵다는 결점을 가지고 있다.

행동수준의 측정방법에는, 일정기간의 행동을 직접 질문하는 방법이 있지만, 일상적인 세세한 행동까지는 기억상에서는 파악할 수 없는 적이 많다. 거기에서, 특정한 행동을 취할 때마다 기록이나 메모를 하는 자기관찰이나 제3자에 의한 행동관찰 등의 수법을 사용할 수 있지만, 대단한 시간과 비용이 들기 때문에 그다지 사용되지는 않다.

또, 소셜미디어가 발달한 오늘날에는, 블로그나 게시판상에서의 화제를 키워드 검색하고, 건수나 내용의 동향을 분석하는 방법으로, 인터넷상의 입소문을 파악하는 것도 가능하다. 예를 들면, 로봇을 사용해서 대량의 블로그를 크롤링(*Crolling*, 검색엔진 로봇이 순회해서 정보를 수집)한 데이터베이스를 구축한 후, 브랜드명 등의 키워드에 의해 관련되는 블로그 기사를 검색한다. 더 나아가 기사내용을 마이닝(*Mining*, 해석)하여, 추천자, 중립자, 비판자의 비율을 판정하는 서비스 등이 존재하고 있어, ASP[4] 나 SaaS[5] 로서도 이용이 가능하다. 이것들을 이용하는 것으로, 모두는 아니지만 브랜드에 관한 소문의 동향을 파악하는 것이 가능해진다.

4 Application Service Provider의 약칭. 인터넷을 통해서 어플리케이션을 고객에게 제공하는 사업자를 말함.

5 Software as a Service의 약칭. 소프트웨어의 기능 중에서 유저가 필요로 하는 것만을 서비스로서 배포해서 이용하도록 한 소프트웨어 배포형태. 클라우드 컴퓨팅 시대의 서비스의 한 형태.

태도수준의 측정방법에서는, 브랜드 추천행동의 의도를 태도로서 묻는 방법이 일반적이다. 그 중에서, 태도에 대응한 측정지표의 주된 것으로서는, 제4장에서 소개한 라이크헬드(Reichheld, 2007)의 NPS(*Net Prompter Score*) 등이 있다.

상세한 것은 후술하지만, ADK에서 진행된 실험조사에서는, 전 상품 카테고리에서 공통된 태도수준의 지표항목과 함께, 상품 카테고리마다에 개별 행동수준의 질문항목도 함께 측정해 보았다.

그 결과, 브랜드를 추천하는 태도에 의해, 행동으로 연결된다는 것을 확인할 수 있었다. 다시 말해, 태도수준의 질문항목으로 척도를 작성한 뒤에, 구체적인 추천행동을 파악하고 싶으면 카테고리마다 어울리는 질문항목을 설정해서 조사하는 방법으로, 양자간 관계의 파악분석이 가능한 것으로 확인되었다.

R3의 평판은, 비판으로부터 추천까지의 양면을 커버하기 위해서 추천도 스코어를 기초로 개발이 진행되었다. 이것에 의해 브랜드에 대한 추천, 중립, 비판으로 구별해서 분석하는 것도 가능해진다.

Relationship(파트너화)

관계성(*Relationship*)의 지표개념에도, 평판과 동일하게 태도수준과 행동수준으로 검토할 수 있다. 태도수준의 지표개념은 '그 브랜드와의 관계를 유지하고 싶은가? 그 수준은?'이며, 행동수준의 지표개념은, '그 브랜드와의 관계를 유지, 발전시키는 행동을 취하고 있을 것인가?'이다.

오늘날 마케팅에서, 관계성은 중요한 개념이다. 교환성 패러다임에 의거하고, 단기적인 판매에 초점을 맞추는 종래의 거래마케팅과는 다르고, 관계성 패러다임에 의해 고객과의 장기적인 관계구축에 초점을 맞추고 있기 때문이다.

개념으로서의 관계마케팅(*Relationship Marketing*)은, 레비트(Levitt, 1983)까지 거슬러 오를 수 있다. 레비트는, 판매자와 구매자와의 관계의 중요성을 남녀의 결혼까지의 연애에 비유하고, 구입까지의 프로세스보다도 구입 후의 관계가 기업에게 성공의 비결이라고 했다. 관계성이 마케팅에서 열심히 논의된 것은 1990년대에 들어서이지만, 북유럽(北歐)학파의 그랜루스(Gronroos, 2004)에 의하면, 관계성은 모든 이해관계자(*Stakeholder*)를 대상으로 하는 것이며, 그 범위는 거래처, 유통으로부터, 고객까지로 폭넓다.

관계성을 브랜드 · 릴레이션십(*Relationship*)이라는 시점에서 포착한 것으로는, 포르니에(Fournier, 1998)의 논문이 효시로 여겨지고 있다.[6] 포르니에는, 종래의 관계 마케팅 개념은, 고객의 생애가치를 중심으로 한 수익성에 지나치게 초점을 맞추고 있다고 했으며 브랜드와 고객과의 참된 관계성을 중시해야 한다고 생각했다. 그리고 다양한 브랜드와 고객의 관계성의 질을 BRQ(*Brand Relationship Quality*)라는 지표로 정의, 측정할 수 있다고 했다.

일본에서도, 구보타[久保田, 2010]에 의해, 인지적 요소인 '일체감', 정서적 요소인 '애착', 평가적 요소로서의 '자랑'의 3개의 구성요소로부터 이루어지는 브랜드 · 릴레이션십 척도가 개발되어, 다양한 브랜드에 적용하였다.

6 수잔 포르니에의 논문을 게재한 *Journal of Consumer Research*에서 그녀의 논문의 과거 3년간 인용순위는 6위이다(2011년 6월 현재).

ADK에서도, 브랜드와 고객의 관계를 인간관계로 바꾸어 측정하는 지표를 개발중이었기 때문에, 그 측정지표의 사고방식을 받아들여서 관계성 지표로서 정리하였다.

관계성 지표도 태도수준과 행동수준의 양면에서 측정할 수 있다.

태도수준의 측정에서는, 전술한 포르니에(Fournier, 1998)나 구보타[久保田, 2010]가 작성한 척도처럼, 관계성이라는 것은 시간과 단계에 따라서 발전한다고 보고 있다. 사회심리학에서 대인관계이론의 연구에 의하면 관계성은, 만남→진전→심화와 같은 단계를 쫓아서 형성된다고 하는 지견을 얻을 수 있다(土田 · 高木, 2001).

행동수준의 관계성 측정에서는, 상품 카테고리마다 지표를 개발할 필요가 있다. 상품 카테고리마다 구매빈도, 구매기회가 달라, 정보탐색 방법도 바뀌기 때문이다.

예를 들면, 샴푸의 경우라면, 샘플의 사용, 선물 캠페인의 응모, 메일 매거진 등록이나 회원등록, 제품개선 요구나 이드바이스; 자동차의 경우라면, 자료청구, 딜러(*Dealer*) 방문, 시승, 견적의뢰, 사용자나 팬모임에의 참가라고 하는 실제의 행동지표가 항목으로서 검토될 수 있다.

한편으로는, 최근 캠페인 단위의 참가행동은, 설문조사에만 의존하지 않고, 캠페인 사이트의 열람 수나 콘텐츠의 클릭 수, 캠페인의 응모 수 등 다양한 액션지표로 직접 파악가능해졌고, 성과지표로서 이용되는 경우도 많다.

관계성 지표에서도, 전 상품 카테고리에서 공통된 태도수준의 지표 항목과 함께, 상품 카테고리마다에 다른 행동수준의 질문항목에 대해서 조사를 해보았다.

그 결과, 행동수준의 지표는, 상품 카테고리나 시책에 의해 다르고,

브랜드별로 본 실제 행동의 실시율도 낮은 것 등이 확인되었기 때문에, 측정척도로서는 태도수준에서의 지표를 검토하는 것으로 했다.

또, 태도와 행동의 관계를 분석해 보면 평판 지표의 스텝이 심화될수록 브랜드의 애용행동이나 고집행동이 현저해지는 것으로부터, 태도로 행동의 뒷받침이 가능한 것이 확인되었다.

관계성의 초기단계는, 브랜드를 더욱 알고 싶어하는 정보욕구의 상태에 있는 참가 레벨. 다음 수준은, 브랜드와의 양호한 관계를 유지하고 싶다는 공헌 레벨. 마지막으로, 브랜드로부터 벗어날 수 없게 되어 독점적인 욕구상태에 있는 공생 레벨이다. 3개의 수준은, 모두 각 단계의 상태를 나타내는 3개의 태도질문 항목으로 구성되어 있다.

R3 스케일의 개발요건과 유의점

R3모델의 사고방식에 근거한 커뮤니케이션의 관리지표의 개발요건은 다음과 같은 것이었다.

1) R3모델에 기초를 두어서 실시한 캠페인 효과의 관리지표로서 운용할 수 있는 것.
2) R3모델의 사고방식에 기초를 둔 브랜드의 상태도 파악할 수 있는 것.
3) 커뮤니케이션 플랜의 목표설정이 가능할 뿐만 아니라, 미디어, 크리에이티브의 아이디어 개발에도 기여할 수 있는 것.
4) 플래너 스스로가 실시 · 분석할 수 있고, 사례의 축적에 의해 계획 · 기술 향상에 도움이 되는 툴이 되는 것.

지표개발에 즈음하여서는 다음 세 가지에 유의해서 작업을 진행했고, 단순하면서 활용하기 쉬운 지표개발을 목표로 했다.

1) 타당성의 담보

이론적으로도 경험적으로도 타당성이 높은 지표일 것.

2) 신뢰성의 확보

재현성, 안정성이 높고, 편차(차이)가 없는 결과를 가져다주는 지표일 것.

3) 범용성의 실현

패키지 상품뿐만 아니라, 내구소비재, 서비스재까지 폭넓은 상품 카테고리에 대응할 수 있는 지표일 것.

R3 스케일 개발을 위한 실험조사

R3 스케일 개발은, 다른 상품 카테고리에서 수차례의 실험조사를 한 후 개발되었다. 그 중에서 샴푸 브랜드에서의 결과물 사례를 참조로 하여, 각 지표의 개요와 분석결과를 소개한다(〈도표 6-1〉).

도표 6-1

실험조사 개요	
조사대상	샴푸의 주요 브랜드
조사 대상자	20~59세의 여성 유저
샘플 수	400s
조사지역	수도권
조사방법	인터넷 조사
조사시기	2010년 12월 10일~13일

도표 6-2 샴푸 브랜드의 자기것화 스코어 구성

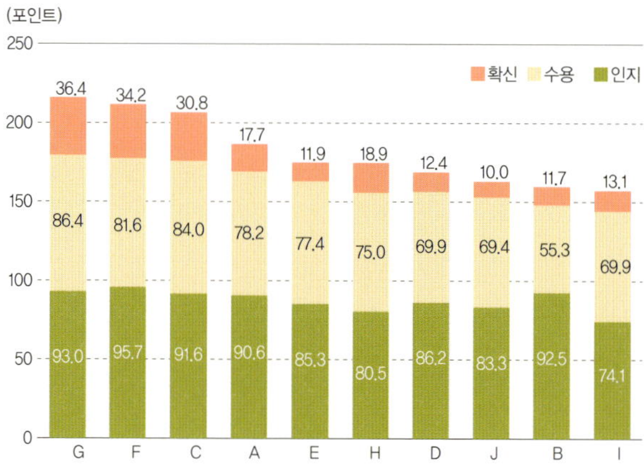

연관성 지표는, 상품이나 광고에 의한 브랜드의 인지수준으로부터, 수용의 수준, 자신에 적합한 브랜드라고 확신을 갖는 수준까지 3개의 스텝으로 파악하고 있다. 〈도표 6-2〉에서 보듯이, 주요 샴푸브랜드는, 인지수준에서는 96%로부터 74%까지로 큰 차이가 나지 않았지만, 수용, 확신 등 단계가 올라감에 따라 서서히 톱 브랜드와의 차가 보이고 있다. 몇 가지의 측정결과로부터, 연관성 스코어(*Relevance Score*)는 과거 캠페인의 축적결과가 반영된 스코어라고 해석할 수 있다.

평판 지표는, 브랜드마다 가족이나 친구에게 추천하고 싶은 것인가 아닌가를 11단계 척도로 측정하고, 브랜드를 추천하는 태도로부터 3개의 수준으로 나누어서 스코어화하고 있다. 이 지표는 소셜네트워크 시대의 브랜드 커뮤니케이션을 촉진하는 지표로서, 다양한 입소문 행동과 밀접한 관련을 갖고 있다는 것을 알 수 있다. 〈도표 6-3〉에서 보듯이, 대부분의 샴푸 브랜드에서는 비판자의 비율이 2할 이하이지만,

도표 6-3 샴푸 브랜드의 평판형성 스코어 구성

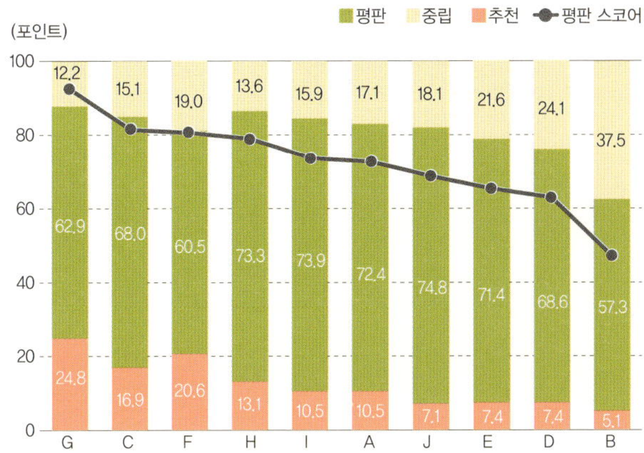

브랜드 B와 같이 비판자가 1/3 이상도 있기 때문에 평판 스코어가 낮은 경우도 볼 수 있다. 브랜드 B는 스테디셀러 브랜드이지만, 가족대상으로 어필한 보급품이기 때문 평판의 대상은 아니었던 것 같다. 평판 스코어는, 측정원리로부터 생각하면 장래의 커뮤니케이션 효과를 나타내는 선행지표로서 생각할 수 있다.

관계성(*Relationship*) 지표는, 사람 사이라고 하더라도, 서로 아는 사이→친구→동료→파트너로 관계가 깊어져 가는 것처럼, 브랜드와 생활자의 관계의 강도를 3개의 스텝으로 파악할 수 있도록 했다. 샴푸 브랜드의 관계성 스코어(*Relationship Score*)는, 브랜드에 의해 큰 차가 나는 것을 알 수 있다.

스테디셀러로 시장점유율이 큰 브랜드는, 〈도표 6-4〉의 브랜드 G, C와 같이 공헌비율이 높은 점이 특징으로 나타났다. 관계성은 매일 변화되는 것이기 때문, 관계성 스코어(*Relationship Score*)는 현재의 커뮤

도표 6-4

샴푸 브랜드의 관계구축 스코어 구성

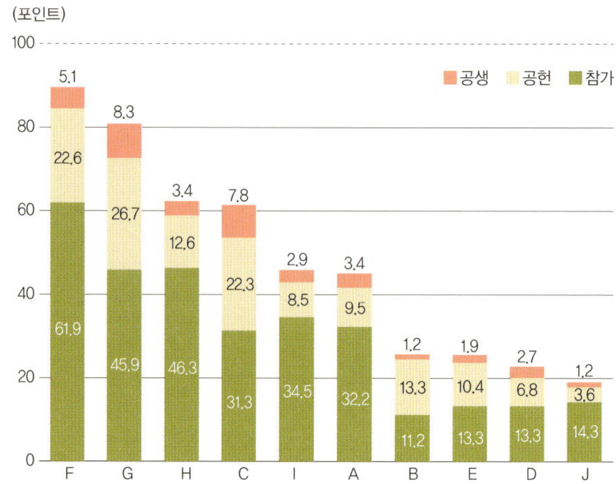

도표 6-5

샴푸 브랜드의 R3 스코어 구성

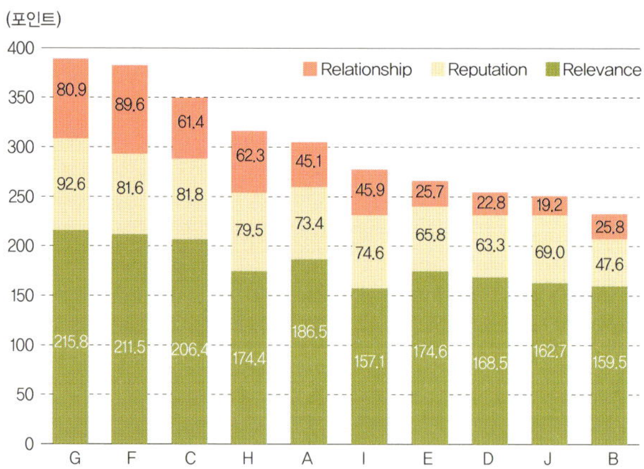

니케이션 효과를 나타내는 지표라고 해석할 수 있다.

연관성 스코어(*Relevance Score*), 평판 스코어(*Reputation Score*), 관계성 스코어(*Relationship Score*)의 3개를 합성한 스코어가 R3 스코어다. 3개의 R의 시점에서 통합적으로 달성된 브랜드 공동창조가치를 나타내는 지표이며, 서로 간 밸런스를 비교하면서 볼 수 있다.

여러 가지 상품 카테고리에서 실험조사를 한 결과로 R3 스코어가 300을 넘는 브랜드는, 정평 브랜드로 간주할 수 있다. 샴푸 브랜드에서는, 〈도표 6-5〉의 G, F, C, H, A의 5개 브랜드다.

커뮤니케이션 목표로서 자주 설정되는 구입의향과 R3 스코어의 관계를 분석해 보면 〈도표 6-6〉과 같이 대단히 상관관계가 높다. 또 계속 구입의향 등으로 보아도 그 상관관계는 높아지고 있다(〈도표 6-7〉). 이들의 관계는, 카테고리를 넘어서 안정적으로 확인되고 있다.

다시 말해, R3모델에 의한 커뮤니케이션 성과를 통합하는 지표로서 R3 스코어를 설정하는 것이 가능하다고 할 수 있다.

R3 스케일의 활용관점

예를 들면, 평판의 활성화를 생각할 경우에, 평판수준별로 실제의 브랜드 추천행동의 경험률을 비교해 보면, 브랜드 G, H, C, A에서는 25% 이상의 추천자가 실제로 추천행동을 하는 것을 알 수 있다. 이러한 브랜드는, 입소문을 활용한 시책이 효율적으로 기능하는 것이 예측되지만, 브랜드 D, E, B, J에 대하여는 입소문을 기대하는 것은 어려워 보인다(〈도표 6-8〉).

도표 6-6

샴푸 브랜드의 R3 스코어와 구매의향의 관계

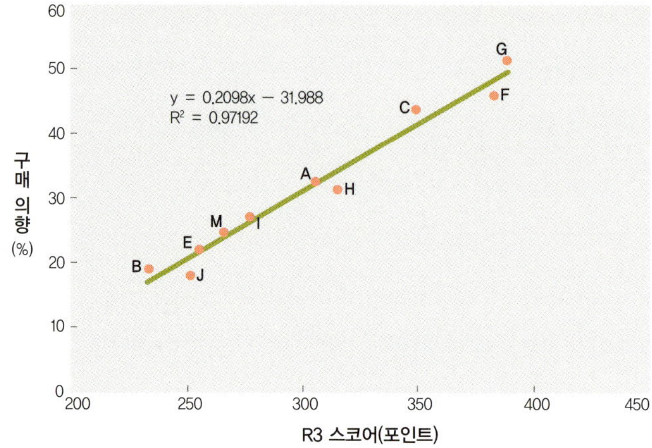

도표 6-7

샴푸 브랜드의 R3 스코어와 지속 구매의향의 관계

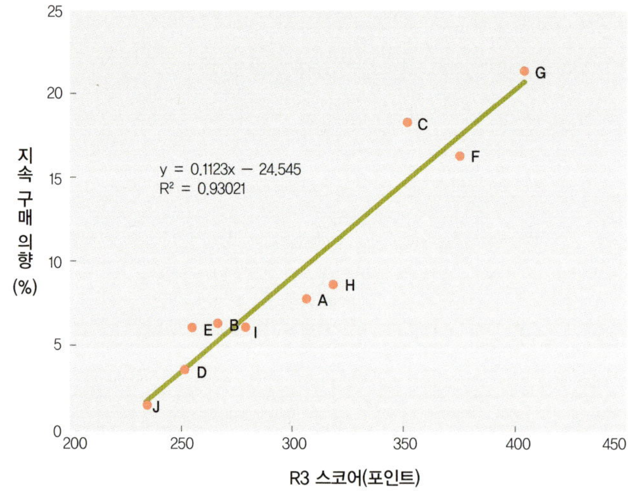

도표 6-8 샴푸 브랜드의 평판형성 스코어별 추천 행동률

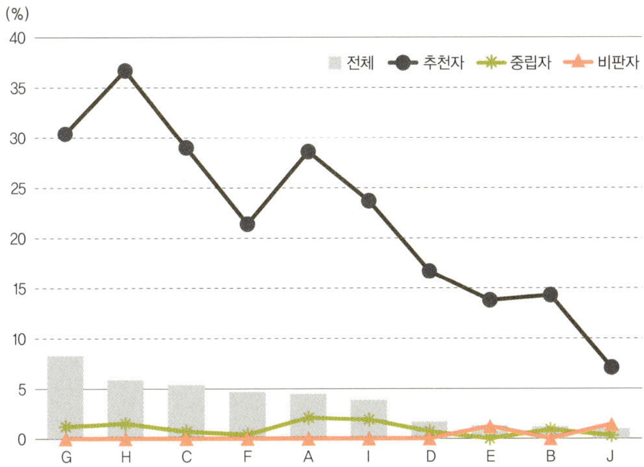

이렇게, 계획지침이 되는 지표와, 시책에 의해 노리고자 하는 행동이나 타깃의 관심사를 조합해서 분석함으로써, 브랜드의 활성화에 유효한 시책의 힌트를 찾아내는 것이 가능해진다.

또, 브랜드를 접촉한 접점과 크로스 집계함으로써, 커뮤니케이션 디자인에서 유효한 접점을 발견하기 위해서도 활용할 수 있다. 〈도표 6-9〉와 같이 브랜드 H의 경우는, 리얼한 입소문과 텔레비전이나 잡지 등의 매스미디어 등이 유효한 매체로 시사되고 있다.

이렇게, R3 스케일은 ADK가 보유하는 다양한 지표나 리서치 수법으로 조합시킨 유연한 운용을 가능하게 하는 것으로서, 다양한 플래닝의 상황에서 활용될 것이라고 기대되고 있다.

도표 6-9

샴푸 브랜드 H의 평판획득 스코어별 접촉접점

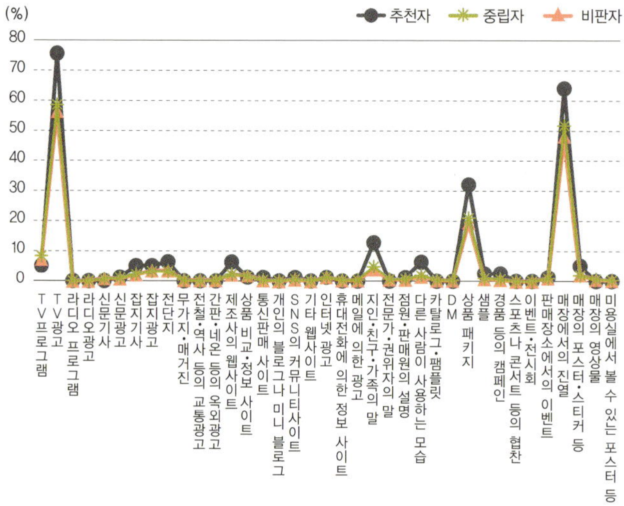

도표 6-10

샴푸 브랜드 A의 R3 지표의 시계열 변화

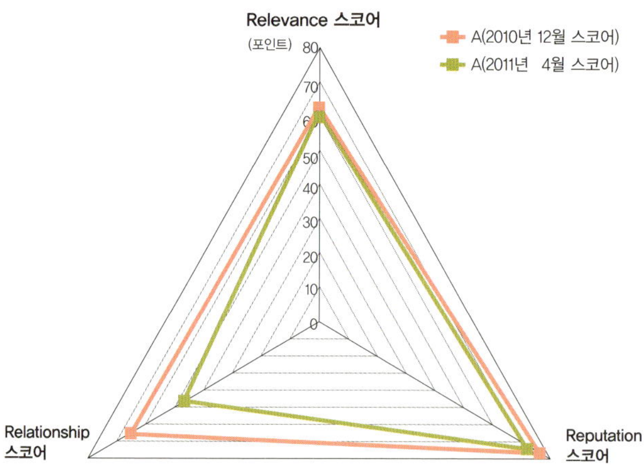

R3 스케일에 의한 캠페인 효과측정의 사례

실제로, R3 스케일을 이용해서 캠페인의 효과를 측정한 사례를 소개하고 싶다. 앞에서 말한 샴푸의 사례에서는, 4개월 후에도 추적조사를 실시하였다.

그것에 의하면, 4개월 동안 R3 스케일의 지표가 큰 변화를 나타낸 브랜드가 1개만 있었다. 도표 안에 있는 'A'라는 기호로 표시된 브랜드이지만, 특히 관계성 스코어의 증가가 보인 것이다(〈도표 6-10〉).

이 기간의 A 브랜드의 마케팅 활동을 조사한 바, 다음과 같은 사실이 밝혀졌다.

- 2년 만에 제품의 전면개량 리뉴얼을 실시
- 탤런트를 새롭게 기용한 신규 캠페인의 전개
- 동기간의 출고량이 2배, SOV[7] 가 톱 수준으로 증가
- 인터넷을 활용한 대규모 샘플링을 실시
- 블로그 등 인터넷상의 입소문 건수의 증가와 입소문 내용의 네거티브율 저하
- 제품출시 후의 시장점유율도 급속히 확대

또, 관계성 지표의 구성요소별로 1개월간 접촉한 A 브랜드의 접점을 조사한 바, 효과가 높았던 접점은 텔레비전 광고, 소문, 샘플인 것으로 밝혀졌다(〈도표 6-11〉). 종래라면 일방적인 배포가 되기 쉬운 경향이 있는 샘플링을, 인터넷을 활용한 참가형의 샘플 세트 경품 캠페인으로 전개한 것이, 인터넷상에 입소문을 나게 해서 효과를 발휘한 것이라고

7 SOV란 Share Of Voice의 약칭으로 특정 브랜드에 대한 광고투입량이 동 카테고리의 전 광고투입량에서 차지하는 비율.

도표 6-11 샴푸 브랜드 A의 관계구축별 접촉접점

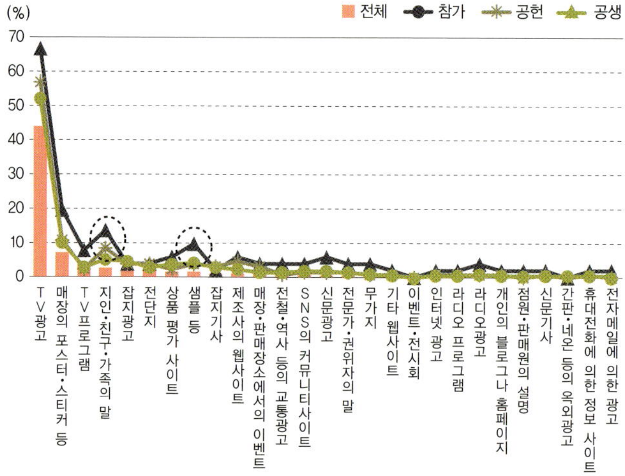

도표 6-12 R3 스코어와 금액 점유율의 관계(샴푸)

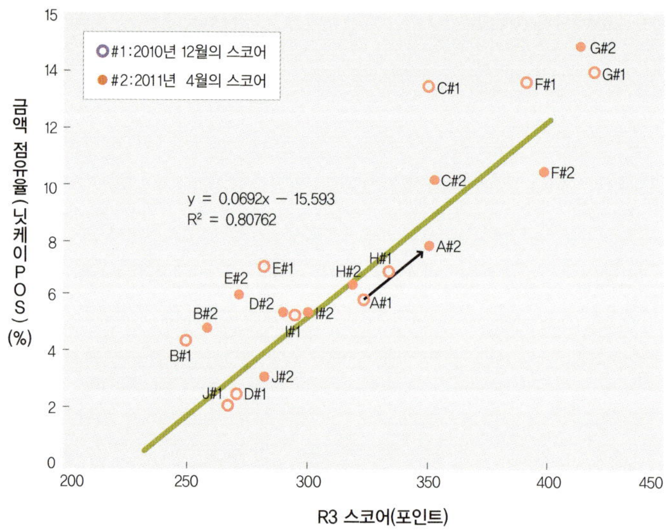

생각된다. 실제로 효과가 있는 캠페인은 R3 스케일의 변화로서 파악하는 것이 가능하며, 이러한 스케일 변화에 의해 목표했던 커뮤니케이션 효과가 발휘되었는가의 여부 확인도 가능해진다. 나아가, R3 스코어의 변화와 실제 시장점유율의 관계를 분석해 본 바, 양자의 상관관계는 대단히 높고, R3 스코어를 높이면 시장점유율도 높아지는 것을 확인할 수 있었다(〈도표 6-12〉). 이렇게, R3 스케일을 이용해서 캠페인의 효과측정을 반복하는 것으로, 자사 브랜드의 커뮤니케이션 관리뿐만 아니라, 경쟁 브랜드도 포함시킨 강점이나 약점의 파악, 그리고 최종적인 시장점유율 예측까지 가능해진다.

저자 후기

마케팅 연구를 하다보면 기업과 공동연구의 기회가 주어지곤 합니다. 이 책의 출판 역시 그러한 공동연구 결과의 하나입니다만 두 가지 점에서 이번 공동프로젝트는 인상 깊었습니다. 첫 번째는 '핸드메이드의 느낌'이라는 점입니다. R3의 기본 틀은 이미 ADK에서 구축해 놓으셨지만 상세한 용어 등에 대해서는 주요 멤버가 몇 번이고 논의를 거듭하여 서로 간에 납득할 수 있을 때까지 의견을 좁히도록 노력하였습니다. 이러한 작업 프로세스는 저에게는 귀중한 기회였으며 또한 큰 자극도 되었습니다. 다른 하나는 코틀러 교수의 코멘트입니다. 이 책의 집필단계에서 저희들의 메시지를 전하고 추천문을 받을 수 있었던 것은 이 프로젝트를 진행하는 저희들에게 큰 힘이 되었습니다. 마케팅 그 자체가 3.0이라는 새로운 스테이지로 진화하는 지금 이 책을 통해 마케팅 커뮤니케이션의 새로운 스테이지의 방향성과 모습을 제시할 수 있었다고 생각합니다.

전체 총괄 및 감수
온조 나오토[恩藏直人]
와세다대학 상학학술원 교수

테크놀로지의 진화가 제조사나 소비자의 행동에 큰 영향을 미치고 있습니다.

또한 정보의 본질이나 센스에 대해 민감하게 반응하는 소비자가 늘어나는 시대가 되어 커뮤니케이션의 모습도 매일 변화 속에 있다고 할 수 있습니다. 커뮤니케이션 디자인도 역시 민감하게 가치를 찾아내고 대담하게 변화하는 것이 요구되고 있어 직선적이 아닌 나선형의 커뮤니케이션 디자인 속에 하나의 해답이 있지 않을까라고 생각한 것이 이 책입니다.

커뮤니케이션과 관련된 일을 하는 여러분들의 다양한 '평가'를 들을 수 있었으면 감사하겠습니다.

ADK R3 프로젝트 슈퍼바이저
곤도 카즈마사[近藤和正]
주식회사 ADK 통합솔루션센터 치프디렉터

'미디어의 다양화', '제품의 커머디티화', '소비자의 구매행동 변화' 등 광고대행사가 속한 비즈니스 환경은 급변하고 있습니다. 우리는 이런 환경 속에서 추상적인 브랜드 이론에 머무르는 것이 아닌 더욱 실전적인 솔루션을 개발해야 한다고 생각하여 마케팅 분야의 제1인자인 와세다대학의 온조 교수와 공동으로 R3 커뮤니케이션의 개발을 진행해 왔습니다.

기업 · 브랜드 · 생활자와의 '협동'은 오래도록 꾸준히 판매될 수 있는 구조를 만드는 것이라고 확신하여 이 책의 출판을 통해서 발표하게 되었습니다.

마지막으로 프로젝트 리더로서 이번 개발 및 출판에 많은 협조를 해주신 온조 교수께 이 자리를 빌려 깊은 감사의 말씀을 전합니다.

ADK R3 프로젝트 리더
다다 토시아키[多田俊明]
주식회사 ADK 엔터테인먼트사업본부 본부장

2010년 가을, 광고학회 전국대회에서 '삼각관계 커뮤니케이션 모델'에 관해 발표하게 된 계기는 매스미디어와 소셜미디어가 마치 대립적인 관계로 다루어지는 경우가 많은 것에 대한 위화감 때문이었습니다.

그리고 이번에 대학원 시절 연구실에서 지도를 받았던 온조 선생님과 ADK의 프로젝트 멤버와 함께 마치 대학 연구실에서처럼 논의하며 삼각관계 커뮤니케이션의 3개의 R을 관리지표로 하는 커뮤니케이션 디자인의 프레임까지 발전시킬 수 있었던 기회가 주어진 점에 대해 감사하고 있습니다. 아오야마[青山]학원 대학원의 하가 야스히로[芳賀康浩] 선생님께도 '마케팅 전략의 간접적 어프로치'라는 관점에서 귀중한 조언을 얻었습니다. 'R3 커뮤니케이션'은 그야말로 프로젝트 멤버뿐만 아니라 협조해주신 모든 분들과의 협동의 산물입니다.

R3 커뮤니케이션이 독자 여러분의 생각의 정리부터 실전에 이르기까지 조금이나마 도움이 되었으면 하는 바람입니다.

ADK R3 프로젝트 기획개발 멤버
이노우에 이치로[井上一郎]
주식회사 ADK 가치창조플래닝본부 / 크로스커뮤니케이션 랩 국장 / 360커뮤니케이션 디자이너

어느 날 칸광고제의 심사위원을 맡은 계기로 알게 된 프랑스인 친구로부터 메일을 받았습니다. 그것은 구미(歐美)의 커뮤니케이션에 대한 것이었습니다.

천천히 읽어보니 구미에서는 이미 커뮤니케이션이 크게 변화하는 것을 알 수 있었습니다. 평판이 커뮤니케이션에서 매우 중요함과 동시에 얼마나 소비자에게 정보확산에 대한 동기부여를 할 수 있는가?라고도 쓰여 있었습니다. 부끄럽지만 칸의 심사를 했을 때 이 내용을 알고 있었다면 더 좋았을 텐데…아마 친구가 저희 부족한 지식을 알고 보내준 것이라 생각합니다.

그러나 구미형으로 변화할 기미가 전혀 보이지 않았던 일본도, 최근에는 광고주들과 광고대행사들도 의식의 변화가 일어나고 있음을 실감하고 있습니다.

이 책에서는 단순하게 구미형의 커뮤니케이션 방법을 일본으로 가져오는 것이 아닌 일본의 시장성을 고려한 구조로 만드는 것을 목표로 하였습니다.

그러나 테크놀로지의 진보는 계속되므로 더 나아가 다음 세대를 위해 항상 주시하는 자세가 필요하다고 생각합니다.

세키 요시키[關良樹]
주식회사 ADK 제2커뮤니케이션플래닝본부 부본부장

커뮤니케이션을 둘러싼 다양한 환경변화 속에서 변하지 않는 것이 있다면 무엇일까.

그것은 '소비자는 누구도 손해 보는 구매는 원하지 않는다'라는 사실일 것입니다. 뛰어난 커뮤니케이션 디자인이란 '유익한 구매 참고정보 및 체험의 디자인'이라고 믿고 있습니다.

또한 '더 풍족한 소비생활을 디자인하기 위한 도움'이라고도 생각합니다.

R3의 플래닝 프레임을 생각함에 있어 프로젝트 멤버 내의 공통적인 생각으로 위의 내용들을 항상 염두에 두었습니다. 기업과 소비자가 동등한 관계가 되고, 기업이 가치관을 일방적으로 강요하는 것이 아닌 소비자와 대화 및 협동이 가능한 시대. 그런 시대이기 때문에 지금 이상으로 소비자에게 가치 있는 '구매 참고정보 및 체험'을 풍부하게 디자인할 수 있다고 생각합니다.

미디어나 테크놀로지라는 '수단의 진화'에 흔들리지 않고 소비생활을 더욱 풍족하고 행복한 것으로 만들 수 있는 아이디어와 함께 이 방법론이 다양한 형태로 활용되기를 바랍니다.

다나카 히데오[田中英夫]
주식회사 ADK 제1커뮤니케이션플래닝본부 부본부장

3개의 R의 개념을 측정할 수 있는 지표를 개발하는 것이 저에게 주어진 임무였습니다. 소셜미디어의 발전을 중심으로 최근 몇 년간 브랜드의 주변환경은 크게 변화했습니다만 이번 지표개발을 통해 그에 맞는 측정지표가 필요하다는 것을 크게 느꼈습니다.

이번 R3의 스케일 개발에서 가장 염두에 둔 점은 심플하면서도 정밀한 측정지표를 만들고자 하는 점이었습니다. 온조 선생님을 비롯하여 프로젝트 멤버가 충분한 논의를 거듭한 결과 적은 질문으로 간단하게 측정할 수 있으며 신뢰도 높은 실용적인 측정지표가 완성되었다고 자부하고 있습니다. 또한 실제로 몇 가지 캠페인의 효과측정을 통해 매출지표(구매의사, 지속구매의향이나 점유율 등)와의 관련성도 매우 높으며 실무에서 활용할 수 있는 지표라는 자부심도 느낍니다.

R3의 스케일은 R3 커뮤니케이션 디자인의 근간이 되는 도구입니다. 도구란 사용하지 않으면 무용지물이므로 적극적으로 이용함으로써 새로운 관점이 생겨나기를 바랍니다.

마스다 하지메[益田一]
주식회사 ADK 가치창조플래닝본부 R&D실 연구원

감사의 말

이 책은 많은 분들의 도움으로 만들어졌습니다.

제2장의 칼럼의 사례나 취재에서는 일본코카콜라, 인터렉티브 마케팅&시스템 이노베이션 바이스프레지던트 에바타 히로토[江端浩人] 님과 무인양품[無印良品]의 웹사업부장 오쿠타니 타카시[奧谷孝司] 님께서 흔쾌히 도움을 주셨습니다.

제4장의 국내 사례에서는 오쓰카제약[大塚製藥], 기린맥주, 산텐제약[參天製藥], 시세이도[資生堂], 후지중공업[富士重工業], HOYA, 미쓰이부동산[三井不動産], 야마나시현[山梨縣], 로토제약(ロート製藥)의 여러분들과 해외 사례에서는 Crispin Porter + Bogusky의 제프 벤자민 님, Leuven의 애드 리안 반 루이 님께서 도움을 주셨습니다.

그 밖에도 본문 중에서 인용한 책들의 집필자들을 비롯하여 많은 분들에게 도움을 받았습니다. 이 책의 커버와 띠지에 이르기까지 멋진 아트디렉션을 맡아주신 미사일컴퍼니의 후쿠다 아키히코[福田昭彦] 님과 가네야 타카카즈[金谷尙和] 님께도 감사드립니다.

이 책의 기획과 출판에는 다니구치 유[谷口優] 님, 사와다 아키요시[澤田昭義] 님, 핫토리 치사[服部千紗] 님을 비롯한 선전회의(宣傳會議) 여러분께도 많은 도움을 받았습니다. 퇴고는 아카기 미노루[赤城稔] 님께 도움을 받았습니다.

마지막이 되었습니다만 이 자리를 빌려 깊은 감사의 말씀을 전합니다.

참고문헌

STEP.1

- 恩蔵直人(2007),《コモディティ化市場のマーケティング論理》, 有斐閣.
- 恩蔵直人・井上淳子・須永努・安藤和代(2009),《顧客接点のマーケティング》, 千倉書房.
- Keller, Kevin Lane(2008), *Strategic Brand Management*, 3rd edition, Prentice-Hall[恩蔵直人監訳(2010),《戦略的ブランド・マネジメント》第3版, 東急エージェンシー].
- Kotler, Philip, Hermawan Kartajaya, Iwan Setiawan(2010), *Marketing 3.0: From Products to Customers to the Human Spirit*, John Wiley&Sons[恩蔵直人監訳, 藤井清美訳(2010),《コトラーのマーケティング3.0 ソーシャル・メディア時代の新法則》, 朝日新聞出版].
- Fournier, Susan(2009), "Getting Brand Communities Right," *Harvard Business Review*, April 2009, pp.105~111("ブランド・コミュニティ: 7つの神話と現実,"〈DIAMONDハーバードビジネスレビュー〉, 2010年10月号, ダイヤモンド社, pp.116~131).

STEP.2

- 井上一郎(2010), "顧客接点が多様化する現状におけるコミュニケーションプランニング手法の整理 実務の現場からの試案,"〈第41回日本広告学会全国大会報告要旨集〉, pp.42~45.
- 沼上幹(2000),《行為の経営学—経営学における意図せざる結果の探求》, 白桃書房.
- 芳賀康浩(2011), "マーケティング戦略における間接性の概念と間接的アプローチのタイプ,"〈青山経営論集〉第45巻, 別冊2, pp.3~23.
- Li, Charlene and Josh Bernoff(2008), *Groundswell: Winning in a World Transformed by Social Technologies*, Harvard Business Press[伊東奈美子訳(2008),《グランズウェル ソーシャルテクノロジーによる企業戦略》, 翔泳社].
- Laaksonen, Pirjo(1994), *Consumer Involvement,* Routledge[池尾恭一・青木幸弘監訳(1998),《消費者関与》, 千倉書房].

STEP.3

- 井上一郎(2010), "メディアニュートラル視点に基づくクロスメディア・コミュニケーション,"〈アド・スタディーズ〉, Vol.26, Autumn 2008, 財団法人吉田秀雄記念事業財団, pp.10~15.
- 宇賀神貴宏(2005), "体験接点マネジメントと銘柄決定ステージ分析,"〈日経広告研究所報〉219号, pp.22~27.
- 宇賀神貴宏・沼田洋一(2006), "360度コミュニケーションにおける効果評価モデル'EX-PMシミュレーション',"〈日経広告研究所報〉227号, pp.29~36.
- Corcoran, Sean(2009), "Defining Earned, Owned and Paid Media," *Forrester Blogs*, Dec. 16, 2009.
- 中村勇介(2009), "第20回WABフォーラムリポート,"〈日経ネットマーケティング〉, 日経BP社, 2009/09/30号.
- Nichols, James(2010), "How to Define Shared Media on Facebook," http://www.allfacebook.com/
- Petty, R. E. and J. T. Cacioppo(1986), "The Elaboration Likelihood Model of Persuasion," *Advances in Experimental Social Psychology*, Vol.19, pp.123~205.
- Vaughn, Richard(1980), "How Advertising Works: A Planning Model," *Journal of Advertising Research*, Vol.20(5), October.
- Vaughn, Richard(1986), "How Advertising Works: A Planning Model Revisited," *Journal of Advertising Research*, Vol.26, February/March.
- 横山隆治(2010),《トリプルメディアマーケティング》, インプレスジャパン社.
- Leberecht, Tim(2009), "Multimedia 2.0: From Paid Media to Earned Media to Owned Media and Back," *cnet,* May 8, 2009.

STEP.4

- 石崎徹(2009), "メディア・エンゲージメントの捉え方,"〈日経広告研究所報〉245号, pp.3~7.
- 宇賀神貴宏(2008), "クチコミされやすさの測定指標, '推奨度スコア',"〈日本消費者行動研究学会 第35回消費者行動研究カンファレンス報告要旨集〉, pp.34~37.
- 小野譲司(2008), "顧客満足に関する5つの質問~ソリューション, 価値共創, 顧客リレーションシップはなにを示唆するか~,"〈季刊 マーケティング・ジャーナル〉107号, (社)日本マーケティング協会, pp.44~58.
- Kotler, Philip, Hermawan Kartajaya, Iwan Setiawan(2010), *Marketing 3.0: From Products to Customers to the Human Spirit*, John Wiley&Sons[恩蔵直人監訳, 藤井清美訳(2010),《コトラのマーケティング3.0'ソーシャル・メディア時代の

新法則》, 朝日新聞出版].
- Higgins, E. Tory(2006), "Value from Hedonic Experience and Engagement," *Psychological Review*, 113, pp.439~460.
- 藤川佳則(2008), "サービス · ドミナント · ロジック—'価値共創'の視点からみた日本企業の機会と課題," 〈季刊 マーケティング · ジャーナル〉 107号, (社)日本マーケティング協会, pp.32~43.
- Reichheld, Frederick F.(2006), *The Ultimate Question: Driving Good profits and True Growth*, Harvard Business School Press[堀新太郎監訳, 鈴木泰雄訳(2006), 《顧客ロイヤルティを知る'究極の質問'》, ランダムハウス講談社].

STEP.5

- 井上一郎(2010), "社会事、仲間事から自分事化へ 3つのメディアによるプランニングの実際," 横山隆治, 《トリプルメディアマーケティング》, インプレスジャパン, pp.155~203.
- 藤田康人(2011), 《どう伝わったら買いたくなるのか—絶対にスルーされないマーケティングメッセージのつくり方》, ダイヤモンド社.

STEP.6

- 青木幸弘 · 亀井昭宏 · 小川孔輔 · 田中洋(1997), 《最新 ブランド · マネジメント体系—理論から広告戦略まで》, 日経広告研究所.
- Kat and Lazarsfeld(1955), *Person al Influence: The Part Played by People in the Flow of Mass Communications*, The Free Press.
- 久保田進彦(2010), 〈ブランド · リレーションシップ尺度の確立〉, 消費者行動研究 Vol.17, No.1, 2010/10.
- Dutka, Solomon(1995), *DAGMAR: Defining Advertising Goals for Measured Advertising Results*, 2nd edition, NTC Business Books[八巻俊雄訳(1998), 《新版 目標による広告管理—DAGMAR(ダグマー)の新展開》, ダイヤモンド社].
- Drucker, Peter(1993), *The Practice of Management*, Reissue edition, Harper Business.
- Grönroos, Christian(2004), "The Relationship Marketing Process: Communication, Interaction, Dialogue, Value," *The Journal of Business & Industrial Marketing*, Vol.19, No.2, pp.99~113.
- 土田昭司著, 高木修監修(2001), 《対人行動の社会心理学—人と人との間のこころと行動(シリーズ21世紀の社会心理学)》, 北大路書房.
- Fournier, Susan(1998), "Consumers and Their Brands: Developing Relationship Theory in Consumer Research," *Journal of Consumer*

Research, 24(4), pp.343~373.

- Reichheld, Frederick F.(2006), *The Ultimate Question: Driving Good Profits and True Growth*, Harvard Business School Press[堀新太郎監訳, 鈴木泰雄訳(2006),《顧客ロイヤルティを知る'究極の質問'》, ランダムハウス講談社].
- Levitt, T.(1983), "After the Sale is Over⋯," *Harvard Business Review*, September－October, pp.87~93.

■ 저자약력

[R3 커뮤니케이션 전체 총괄 및 감수]
온조 나오토[恩藏直人]
와세다대학 상학학술원 교수

주요 저서는 다음과 같다. 《커머디티화 시장의 마케팅 이론》, 《닛케이문고 마케팅》, 《고객접점의 마케팅》(공저), 《모바일 마케팅》(공저), 《코틀러&켈러의 마케팅 매니지먼트》(감수), 《코틀러의 마케팅 콘셉트》(감역), 《전략적 브랜드 · 매니지먼트》(공역), 《경쟁우위의 브랜드 전략》, 《코틀러의 마케팅 3.0》(공역).

[ADK R3 프로젝트 슈퍼바이저]
곤도 카즈마사[近藤和正]
주식회사 ADK 통합솔루션센터 치프디렉터

세일즈 프로모션국에서 이벤트나 캠페인의 기획/실시를 담당. 커뮤니케이션플래닝국, 플래닝부문에서 캠페인 디자인, 사업개발을 맡고 있다. 2009년 커뮤니케이션플래닝부문장, 2011년부터 현직. 그 밖에도 교토조형예술대학 정보디자인학과 비상근강사 등.

[ADK R3 프로젝트 리더]

다다 토시아키[多田俊明]

주식회사 ADK 엔터테인먼트사업본부 본부장

1985년 외국계 제조사에서 마케팅을 담당하고 1995년 아사히통신사[旭通信社](현 ADK)에 입사. 세일즈프로모션본부 소속으로 다양한 캠페인을 진행하였다. 2009년 커뮤니케이션플래닝부문, 2CPU 유닛 리더. 2011년 4월부터 현직.

[ADK R3 프로젝트 기획개발 멤버]

이노우에 이치로[井上一郎]

주식회사 ADK 가치창조플래닝본부 / 크로스커뮤니케이션 랩 국장 / 360커뮤니케이션 디자이너

1989년 아사히통신사[旭通信社](현 ADK)에 입사. 신문국, 미디어플래닝국을 거쳐 2002년 월간 〈판촉회의〉(선전회의) 편집장. 2004년 ADK 크로스미디어 프로모션(XM)국의 발족을 계기로 복직. 2006년 제2XM국장, 2009년 제IXC국장을 거쳐 2011년부터 현직. 그 밖에 릿쿄[立敎]대학 경영학부 겸임강사, 메이지[明治]학원대학 경제학부 비상근강사. 일본광고학회 회원/이사, WOM마케팅협회 이사 등. The AME Awards 2009 아시아퍼시픽 대표심사위원. 2010년 《트리플미디어 마케팅》의 제12장 집필 등.

세키 요시키[關良樹]

주식회사 ADK 제2커뮤니케이션플래닝본부 부본부장

1989년 통합광고대행사 입사, 세일즈프로모션, 영업직, 벤처기업을 거쳐 2001년 ADK에 입사. 인터렉티브커뮤니케이션국 배치 후 크로스미디어국, 크로스커뮤니케이션국장을 거쳐 커뮤니케이션 플래닝 업무를 맡게 되었다. 현재 커뮤니케이션 디자이너로서 인터렉티브를 주축으로 하는 CR · Promo 캠페인 전반의 기획입안 · 프로듀스를 담당하고 있다. 2009년 칸 국제광고

제 프로모부문 심사위원. 2008년 《차세대 광고 커뮤니케이션》을 집필하였으며 선전회의 외 강사 역임.

다나카 히데오[田中英夫]

주식회사 ADK 제1커뮤니케이션플래닝본부 부본부장

광고관련 회사를 거쳐 1994년 제일기획(현 ADK)에 입사. 스트라티지플래닝부문에서 자동차, 일상용품, 통신, IT 등을 중심으로 다양한 기업의 전략플래닝, 브랜드 개발과 캠페인디렉션 등을 담당하였다. 2009년부터 현직. 360도의 체험접점을 포괄하는 원스톱 솔루션을 강화하기 위한 다양한 플래닝 방법의 개발과 실무활용에 힘쓰고 있다.

마스다 하지메[益田一]

주식회사 ADK 가치창조플래닝본부 R&D실 연구원

1983년 아사히통신사[旭通信社](현 ADK)에 입사. 마케팅부문에서 패키지부터 내구성 소재, 서비스재까지 다양한 광고개발, 신제품 개발, 브랜드 관리 등에 종사. 1997년부터 연구개발 섹션에 이동. 브랜드 매니지먼트와 리서치방법 개발을 주요 연구주제로 하여 브랜드 진단시스템 'A-BEAT'를 시작으로 다수의 리서치방법과 시스템개발을 담당. 공동저서로는 닛케이 비즈니스연구소의 《최신 브랜드 매니지먼트체계》 등이 있으며 "제3회 산연(産研)아카데믹 포럼", "닛케이 광연(廣研)포럼", "소비자 행동학회" 등 발표실적 다수.

R3 프로젝트 사례 · 칼럼 · 조사 등 협력 멤버

이와무라 쿠미코[岩室紅美子]

우가진 타카히로[宇賀神貴宏]

오하시 사토시[大橋聰史]

가와카미 아사코[河上亞沙子]

가와고에 토모타카[川越智勇]

구리타 에이치[栗田英一]

스에마츠 나오히토[末松眞人]

소네 테쓰야[曾根哲也]

다카하시 료지[高橋良次]

다카미야 유이[高宮ゆい]

도쿠시게 야스히로[德重泰洋]

나카가와 코이치[中川浩一]

나카히라 미츠루[中平充]

시로다 타케히코[白田健彦]

후쿠오카 카쓰후미[福岡克文]

야마다 이치로[山田一郎]

마지막으로 'R3'의 개념에 동의해주시고 이 책에 멋진 메시지를 전해주신 필립 코틀러 교수에게 깊은 감사의 뜻을 전합니다.

집필자 일동

이 책에 전해준 필립 코틀러의 메시지

기업과 고객과의 관계가 인터렉티브한 디지털 시대, 일방적 정보발신은 연관성(*Relevance*), 평판형성(*Reputation*), 관계구축(*Relationship*)으로 이루어진 R3 커뮤니케이션으로 바뀌고 있다. 이 책 《R3 커뮤니케이션》은 당신을 인간중심의 마케팅3.0 스테이지로 이끌 것이다.

Companies in the digital age need to move into an interactive relationship with their customers. One way messaging must be replaced with R3 communication: Relevance, Reputation and Relationship.

This book will help you move into the Marketing 3.0 stage of human centricity.

■ 역자약력

김주리 (金珠利)

숙명여대 일본학과 및 경영학과, 일본 와세다대학 대학원 상학연구과 졸업. 아사츠디케이코리아 기획본부의 AE로 입사하여 국내 기업 및 일본계 광고주의 기획업무를 담당하고 있다.

김세영 (金世榮)

일본 무사시노미술대학 졸업 후, 일본의 광고제작회사에 디자이너로 입사. 현재 아사츠디케이코리아 기획본부의 AE로 국내 기업 및 일본계 광고주의 업무를 담당하고 있다.

이은애 (李恩愛)

명지대 디지털미디어학과 및 일어일문학과 졸업.

아사츠디케이코리아 기획본부의 AE로 입사하여 국내 기업 및 일본계 광고주의 기획업무를 담당하고 있다.

백승희 (白承熹)

한국외국어대 일어일문과 및 동대학 통번역대학원 한일과를 졸업. 덴츠에서 일본계 광고주의 국내 마케팅 업무를 담당하였으며, 아사츠디케이코리아에서 통 · 번역 업무를 담당했다. 현재는 프리랜서 통 · 번역사로 활동 중임.